Thomas Bernhard

dargestellt von Hans Höller

**rowohlts monographien begründet von Kurt Kusenberg
herausgegeben von Wolfgang Müller und Uwe Naumann**

Redaktionsassistenz: Katrin Finkemeier
Umschlaggestaltung: Walter Hellmann
Vorderseite: Thomas Bernhard, Januar 1988
(Foto: Sepp Dreissinger, Wien)
Rückseite: Wolfsegg (Foto: Erich Hinterholzer, Vöcklabruck)
Frontispiz: Thomas Bernhard und sein Großvater,
der österreichische Schriftsteller Johannes Freumbichler,
in Seekirchen, Sommer 1937

Originalausgabe
Veröffentlicht im Rowohlt Taschenbuch Verlag,
Reinbek bei Hamburg, Oktober 1993
Copyright © 1993 by Rowohlt Taschenbuch Verlag GmbH,
Reinbek bei Hamburg
Alle Rechte an dieser Ausgabe vorbehalten
Satz Times PostScript Linotype Library, PM 4.2
Langosch Grafik + DTP, Hamburg
Gesamtherstellung Clausen & Bosse, Leck
Printed in Germany
ISBN 3 499 50504 5

8. Auflage Juni 2004

Inhalt

Eine «posthume literarische Emigration»
  Das Testament, «Heldenplatz» und die Vorgeschichte 7

Geschichte als Verletzung
  Der lebensgeschichtliche Staatskomplex 18

«Meine Mutter hat mich weggegeben»
  Die Frühzeit des Ich 26

«Die Großväter sind die Lehrer»
  Leben als Nachfolge 34

Das Handwerk des Lebens und des Schreibens
  Die Lehrzeit in den fünfziger Jahren 49

Die Anerkennung
  «Frost» und die Prosa der sechziger Jahre 68

Die Rettung der Schönheit
  Bauen, sanieren – und alles, was damit zusammenhängt 81

Schreiben «auf diesem tödlichen Boden»
  Thomas Bernhard und Salzburg 97

Totentanz, Schneefall und Weltengewitter
  Die Theaterstücke 109

Gegen den Tod schreiben
  Krankheit und Sterben 128

Anmerkungen 135

Zeittafel 145

Bibliographie 150

Namenregister 156

Über den Autor 159

Quellennachweis der Abbildungen 160

Uraufführung von «Heldenplatz» am 4. November 1988. Thomas Bernhard und Claus Peymann im Schlußapplaus auf der Bühne des Wiener Burgtheaters

Eine «posthume literarische Emigration»
Das Testament, «Heldenplatz» und die Vorgeschichte

Zwei Tage vor seinem Tod traf Thomas Bernhard bei einem Notar in Salzburg seine letzte Verfügung. Sein literarisches Erbe betreffend heißt es im Testament vom 10. Februar 1989:

Weder aus dem von mir selbst bei Lebzeiten veröffentlichten, noch aus dem nach meinem Tod gleich wo immer noch vorhandenen Nachlaß darf auf die Dauer des gesetzlichen Urheberrechtes innerhalb der Grenzen des österreichischen Staates, wie immer dieser Staat sich kennzeichnet, etwas in welcher Form immer von mir verfaßtes Geschriebenes aufgeführt, gedruckt oder auch nur vorgetragen werden.

Ausdrücklich betone ich, daß ich mit dem österreichischen Staat nichts zu tun haben will und ich verwahre mich nicht nur gegen jede Einmischung, sondern auch gegen jede Annäherung dieses österreichischen Staates meine Person und meine Arbeit betreffend in aller Zukunft. Nach meinem Tod darf aus meinem eventuell gleich wo noch vorhandenen literarischen Nachlaß, worunter auch Briefe und Zettel zu verstehen sind, kein Wort mehr veröffentlicht werden.[1]

Nach seinem Tod wollte Thomas Bernhard sein Werk dem österreichischen Staat entziehen. Er inszenierte testamentarisch *eine posthume literarische Emigration*, wie er wörtlich gesagt haben soll.[2] Eine *literarische Emigration*, die unmittelbar im Gefolge des Jahres 1988, dem sogenannten Bedenkjahr in Österreich, das der Erinnerung an die rassische und politische Verfolgung nach dem Anschluß Österreichs an Hitler-Deutschland im März 1938 diente, eine hintergründige historische Bedeutung annehmen mußte. Ging es doch auch in seinem letzten Theaterstück, *Heldenplatz* (1988), Bernhards Beitrag zum Bedenkjahr und zur Hundertjahrfeier des Wiener Burgtheaters, um die Emigration einer jüdischen Professorenfamilie, diesmal aus dem Österreich des Jahres 1988. Und gerade *Heldenplatz* hatte den Anlaß zu einer in der Zweiten Republik beispiellosen Erregung in den Medien und in der politischen Öffentlichkeit gegeben. Auf einmal standen die Forderungen nach einem Boykott der Aufführung und der Vertreibung des Autors im Raum[3], als hätte das Theater die Wirklichkeit dazu bringen können, die provokante Behauptung im Stück, 1938 und 1988 seien austauschbar, unter Beweis zu stellen.

«Heldenplatz». Zweite Szene. Im Volksgarten. Anna und Olga
nach dem Begräbnis ihres Vaters. Zwischen ihnen Professor Robert
Schuster, der Bruder des Verstorbenen. Im Bühnenhintergrund
«das Burgtheater im Nebel»

Nach *Heldenplatz*, im Endstadium seiner schweren Herz- und Lungenkrankheit, hat Bernhard «auch nicht mehr schreiben können». *Nach «Heldenplatz» war's vollkommen aus.*[4] Dieses Drama als letztes literarisches Werk und das Testament als letzte Verfügung über sein Werk erhalten somit einen besonderen Stellenwert. Bei einem Autor, der jahrzehntelang Hinterlassenschaften, Nachlässe und testamentarische Verfügungen zu seinem literarischen Thema gemacht hatte, war damit zu rechnen, daß auch sein eigenes Testament ein vieldeutiges Kunstwerk darstellen würde. Einen komischen Hintersinn enthält die letzte Verfügung des Autors ja allein schon dadurch, daß sie unablässige Rechtsstreitigkeiten, immer neue Ausdeutungen, Umgehungen und Verstöße gegen seinen letzten Willen geradezu vorprogrammiert. So müssen nun die Gerichtsprozesse, die früher gegen den Autor angestrengt wurden, von Thomas Bernhards Nachlaßverwaltern fortgesetzt werden.

Die *posthume [...] Emigration* ist auch deshalb eine *literarische*, weil sie im heutigen Österreich – und diese Differenz ist schwer zu überschätzen – ein Ereignis darstellt, das gegenüber der realen Emigration aus dem nationalsozialistischen Deutschen Reich des Jahres 1938 doch vor allem «literarischen» Status hat. Der im Testament angesprochene österreichische Staat war immerhin der politische Raum, innerhalb dessen Grenzen Bernhards verschiedene Formen des literarischen «Staatsstreichs» ihren anerkannten Platz einnahmen und ein Publikum fanden, mit dem er stets die Lacher auf seiner Seite hatte. Eine Zeitlang, Mitte der siebziger Jahre, spielte man im Unterrichtsministerium sogar mit dem Gedanken, Thomas Bernhard zum Direktor des renommiertesten österreichischen Staatstheaters, des Wiener Burgtheaters, zu berufen.[5]

Heldenplatz wurde im Burgtheater aufgeführt, dem ehemaligen k. k. Hofburgtheater der Habsburger Residenz. Bis in die Gegenwart ist diesem Theater seine repräsentative kulturelle Bedeutung in Österreich erhalten geblieben. Die Verbindung zum Staat und zu den großen Staatsakten ist an seiner Lage in unmittelbarer Nachbarschaft zu Hofburg und Heldenplatz abzulesen. Und genau in diese kulissenhafte Wiener Regierungs- und Geschichtsarchitektur hat Bernhard den Schauplatz seines Stückes *Heldenplatz* hineinverlegt[6], die topographische Nähe zu den Orten geschichtlicher Erinnerung in die anspielungsreichen Reden seiner Figuren aufgenommen und zu einer geradezu körperlich schmerzenden Nähe verdichtet. Die Frau des eben beerdigten jüdischen Professors – das Stück spielt nach seinem Selbstmord und im Anschluß an das Begräbnis – kann das Geschrei der Massen auf dem Heldenplatz, das Trauma aus dem März 1938, nicht mehr aus dem Kopf bringen. Im *Massengeschrei vom Heldenplatz herauf*, das am Ende des Dramas *bis an die Grenze des Erträglichen anschwillt*, bricht sie tot am Tisch zusammen.[7]

Das große Medienspektakel um Bernhards Stück entzündete sich aber nicht an dem Heldenplatz-Trauma, sondern an den Österreich-Beschimpfungen, einer Art literarisches Gegenstück zu den Lobreden auf Österreich im Werk des österreichischen Burgtheater-Klassikers Franz Grillparzer: «es ist ein gutes Land»[8] – Grillparzer; *in Österreich ist alles / immer am schlimmsten gewesen*[9] – Bernhard.

Eine wichtige Rolle spielte in dem echt Wiener Theater-Theater um *Heldenplatz*, daß es im Burgtheater aufgeführt wurde, noch dazu zur

9

Der Autor als Beobachter bei den Schlußproben von «Heldenplatz»
im Burgtheater, November 1988

Hundertjahrfeier dieses traditionsreichen Hauses. Der *Heldenplatz*-Skandal, den die Medien aufgrund eines Pressevorabdrucks einiger Passagen des Stücks schon Monate vor der Premiere aufführten, hatte zum Teil mit der besonderen Stellung des Burgtheaters in der staatlichen österreichischen Hochkultur zu tun. «Die Presse» vom 11. Oktober 1988 sah in der bevorstehenden Burgtheater-Aufführung von *Heldenplatz* den Tatbestand einer Beleidigung der Staats-Majestät gegeben und vermutete eine «anarchistische Königsidee» in Bernhards Stück: Den «Staat und alles, was sich für staatstragend hält, auf dessen Kosten in seinem Staatskunstinstitut mit Unflat zu bombardieren»[10].

Die «Burg» war seit Herbst 1986 in der Hand von Bernhards Meisterregisseur Claus Peymann, einem Burgtheaterdirektor, der, vom sozialistischen Ministerium für Unterricht und Kunst eingesetzt, den kulturpolitischen Gegenwind nach Kurt Waldheims und Jörg Haiders Erfolgen in Österreich zu spüren bekam, im Sinne eines Theaters aber, das «in dieser Gesellschaft polarisieren und entzünden kann»[11] – was immer das heißt –, die Konfrontation nicht scheute. Die Boulevard-Presse, durch einen Vorabdruck aus dem sonst geheimgehaltenen neuen Bernhard-Stück auf den Plan gerufen, schoß sich auf die Stellen ein, in denen die Politiker und die Österreicher – in solchen Fällen gern von der Presse und den Politikern als «Steuerzahler» apostrophiert – der Lächerlichkeit preisgegeben werden. Die Gelegenheit war da, zum Sturm auf Peymanns

«Burg» und Bernhards *Heldenplatz* zu blasen, die Politiker waren zur Stelle, um die Ehre des gekränkten Staatsvolks und ihre eigene mit volksnahen Sprüchen zu verteidigen, die Leserbriefspalten in den Zeitungen füllten sich mit den üblichen Drohungen gegen Autor und Regisseur, und manchmal war man sogar mit einem gewissen Witz dafür oder dagegen.[12] Der Skandal war da, der Andrang auf die Karten groß, die Premiere konnte, drei Wochen verspätet, am 4. November 1988 über die Bühne gehen.

Das Bernhard-Publikum brachte dem Stück den Erfolg, den es verdiente. Der Sieg im Kulturkampf ging vorderhand an Bernhards und Peymanns künstlerischen Beitrag zum Bedenkjahr 1988. Daß eine Bernhard-Aufführung auch ein internationales, mindestens europäisches Kulturereignis darstellte, versuchte die Burgtheater-Direktion angesichts der vordergründigen Polemiken in einer Presse-Aussendung am 10. Oktober 1988 in Erinnerung zu rufen: «Thomas Bernhards Weltruhm ist heute unbestreitbar. Seine Bücher erscheinen seit über zwanzig Jahren kontinuierlich auch in den großen Verlagshäusern in Amerika, in Frankreich, in Italien und werden in alle Kultursprachen der Welt übersetzt. Seine Theaterstücke beeinflussen seit zwanzig Jahren in hohem Maße das Theater in Europa, so werden allein in diesem Herbst in Paris an vier renommierten Theatern vier seiner Stücke in prominentester Besetzung gespielt.»[13]

Von den bedrängenden Fragen des Stücks, von der verschlungenen Problematik von Täter und Opfer, vom provokativ Österreichischen der österreichischen Juden Bernhards, von der ästhetischen, historischen und lebensgeschichtlichen Dimension in *Heldenplatz* war ja in der erregten öffentlichen Debatte sowieso kaum die Rede. Allein, die Emigrations-Thematik im letzten Theaterstück stellt ein so zentrales Motiv im gesamten literarischen Schaffen Thomas Bernhards dar, daß man bei einer genaueren Auseinandersetzung nicht daran vorbeigekommen wäre. So literarisch sich auch die «zweite» Emigration im Vergleich zur un-ironischen Wirklichkeit des Jahres 1938 ausnimmt, sie konnte jedenfalls für Bernhard lebensgeschichtliche Wahrheit beanspruchen und ist, wenn auch kein geschichtliches, so immerhin ein literaturgeschichtliches Faktum. Während andere österreichische Schriftstellerinnen und Schriftsteller in den fünfziger Jahren ins Ausland gingen, nahm er in Österreich die Auseinandersetzung mit seinem *Herkunftskomplex*[14] auf, brauchte er, ähnlich wie Karl Kraus zu seiner Zeit, die Wut über die österreichischen Zustände und die ständigen Kollisionen als Schreib-Antrieb – und um es überhaupt aushalten zu können. «Störenfried» und «Weltverstörer», wörtlich in diesen Rollen verstanden sich Bernhard wie Karl Kraus.

Für Bernhard war *Heldenplatz* der letzte große Akt in seiner Herausforderung des österreichischen Staates – ein «Reiz-Reaktionsspiel»[15], in dem nicht nur politische Motive dominierten und es nicht nur um den heutigen Staat ging. Man könnte die Chronologie der Zusammenstöße mit staatlichen Institutionen und mit den Persönlichkeitsrechten von Privatpersonen schon in der Zeit von Bernhards Tätigkeit als Gerichtsberichterstatter beginnen lassen, als der junge Journalist bisweilen seiner Lust am Spektakulären und Theatralischen nachgab, was wiederum die Zeugen oder Angeklagten zu Gegendarstellungen veranlaßte. Welcher Zeuge oder welcher Angeklagte findet sich schon gern in der Gerichtsspalte der Zeitung als Theatermonster wieder, als *massige Figur aus Fleisch und Blut mit rotierenden Wangen und einem nicht ganz geraden Rücken*[16]? In Interviews hat Bernhard später ironisch von der *Genugtuung der maßlosen Übertreibung und des Dauernd-über-Leichen-Gehens* im Journalistenberuf gesprochen.[17] Einmal hat er sogar *die Wurzeln* seines Schreibens in den Gerichtsreportagen sehen wollen: *Da hatte ich Blut geleckt am Schreiben. – Ein unschätzbares Kapital. Ich glaube, da liegen die Wurzeln.*[18]

Einen ersten publizistischen Eklat beschwor Bernhard mit einem polemischen Artikel über die Spielplangestaltung des Salzburger Landestheaters herauf, als er in der katholischen Wochenzeitung «Die Furche» vom 4. Dezember 1955 über *Schwachsinn und Schweinerei* des Theaters schrieb und von einem durchgängigen Dilettantismus, denn *auf allen Bühnen (auch auf dem Burgtheater, dem Inbegriff von Provinz!) herrsche das Königreich des Dilettantismus*. Die Reaktion auf diese vernichtende Kritik des Landestheaters war ein lange sich hinziehendes gerichtliches Nachspiel. Der Titel des inkriminierten Artikels lautete: *Salzburg wartet auf ein Theaterstück*. Als hätte der Autor die Bühne, auf der später bei den Salzburger Festspielen seine Stücke Premiere haben sollten, zum Warten auf seine eigenen Theaterstücke verdammt: *Wir warten. Wir warten noch immer darauf, daß das Salzburger Landestheater endlich einmal ein Theaterstück herausbringt, das in den Kulturspalten diskutiert wird.*[19]

Zu einem ersten veritablen Staats-Eklat kam es, als Thomas Bernhard anläßlich der Verleihung des sogenannten Kleinen Staatspreises für Literatur im März 1968 vor der kulturpolitischen Prominenz den österreichischen *Staat* als *ein Gebilde* bezeichnete, *das fortwährend zum Scheitern verurteilt ist*, als einen *Requisitenstaat*, in dem *alles austauschbar* ist, während er die *Österreicher* apathische *Geschöpfe der Agonie* nannte.[20] Zur Verleihung des Anton-Wildgans-Preises der Österreichischen Industriellenvereinigung im Herbst des folgenden Jahres wurde Bernhard gar nicht mehr eingeladen, auch wäre der Unterrichtsminister sowieso nicht mehr erschienen. Bei der Verleihung des Grillparzer-Preises anläßlich der «Grillparzer-Gedenkfeier der Akademie» zum hundertsten Todestag Grillparzers im Jänner 1972 figurierte Bernhard nicht einmal auf dem Programm, das gleichwohl jeden Geiger der musikalischen Umrahmung namentlich anführte. In *Wittgensteins Neffe* gibt Bernhard seine Version sowohl von der Staatspreis-Verleihung als auch von dem für ihn erniedrigenden Festakt in der Akademie der Wissenschaften in Wien.[21]

Im Sommer 1972 begann mit Bernhards Theater-Debüt bei den Salzburger Festspielen ein neues Kapitel seiner «Skandal-Kunstwerke». Den Auftakt bildete der Streit um die feuerpolizeiliche Verordnung, daß die Notlichter auch nicht wegen der dramaturgischen Notwendigkeit einer vollkommenen Finsternis am Schluß von *Der Ignorant und der Wahnsinnige* gelöscht werden dürften. Thomas Bernhard und Claus Peymann bestanden auf der vollkommenen Finsternis, und das Stück wurde nach der Premiere vom Festspielprogramm abgesetzt.

Es ist hier nicht Platz, dieses und die folgenden Kapitel des Konflikts mit den Festspielen und dem Festspielpräsidenten Josef Kaut genauer abzuhandeln. Auch die mit einer gewissen Regelmäßigkeit seit den fünfziger Jahren wiederkehrenden Politiker-Beschimpfungen und Österreich-Tiraden, die in *Heldenplatz* auf einen letzten Höhepunkt getrieben werden, können nur andeutungsweise erwähnt werden. Im ersten Roman schon, *Frost* (1963), ist das österreichische Staatsoberhaupt ein *Konsumvereinsvorsteher*, der Kanzler ein *Naschmarktzuhälter* und der Staat *das Bordell Europas*.[22] Das Parlament des heutigen Österreich, heißt es fünfzehn Jahre später in Bernhards Beitrag für eine geplante Anthologie des Residenz Verlags, *ist auf dem politischen Unrat in diesem Lande ein luxuriöser und kostspieliger, lebensgefährlicher Wurstelprater, und die Regierung ist eine ebenso teure Dummköpfelotterie*. Ähnliche Zitate lassen sich von der Mitte der fünfziger Jahre bis zu *Heldenplatz* aufreihen. Der Residenz Verlag lehnte übrigens den geplanten Anthologie-Beitrag ab, weil noch eine Privatklage gegen Bernhards autobiographische Erzählung *Die Ursache* anhängig war und der Verlag einen neuen Gerichtsprozeß vermeiden wollte. Bernhards Artikel erschien dann zuerst als Beitrag «Zum Österreichischen Nationalfeiertag 1977» in einem Programmbuch des Württembergischen Staatstheaters Stuttgart.[23]

Mit dem Aufstieg zu einer Art literarischer Gegenmacht zu den österreichischen Politikern – «daß wir nicht weniger sind als die Politiker», hatte Claus Peymann einmal ungewollt zweideutig formuliert[24] – ging Bernhard daran, die anderen politischen und literarischen Größen Österreichs, die Gegenkaiser, mit seinem Wort zu Fall zu bringen. Den Nobelpreisträger Elias Canetti erniedrigte er zum *Schmalkant und Kleinschopenhauer* und gab dessen Auftreten und Werk mit dem Kalauer von der *selbstinszenierten «Komödie der Eitelkeit»*[25] der Lächerlichkeit preis. Bundeskanzler Kreisky, als *Sozimonarch* und *Höhensonnenkönig* tituliert, wurde in Bernhards wortgewandtem Lachtheater *die Rolle des alternden, selbstgefälligen Staatsclowns*[26] zugewiesen.

Die problematischste Form der literarischen «Skandal-Kunstwerke» stellte zweifellos *Holzfällen. Eine Erregung* (1984) dar, eine durch die künstlerischen Mittel grandiose satirische Demontage konkreter lebender Personen und ein medienwirksames Gerichtsspektakel. Bernhard hatte schon früher immer wieder mit Privatklagen von Personen zu tun, die sich in seinem Werk in ihrer persönlichen Würde angegriffen gefühlt hatten, aber *Holzfällen* überbot alles bisher Dagewesene. Die gerichtlichen Verfügungen gegen das Buch, die polizeiliche Beschlagnahme der Exemplare, der darauf folgende Protest gegen die Einschränkung der Freiheit der Kunst und der um so größere Medienwirbel um den «Schlüsselroman», der die Verkaufszahlen in die Höhe trieb, das alles verstellt freilich ein grundlegendes Problem des Schreibens: die Problematik eines tödlichen Blicks, der jede Schwäche am anderen entdeckt, *skrupellos* die Menschen *auseinandernimmt* und nur den einen *Milderungsgrund* in Anspruch nimmt, daß er sich selbst nicht *verschont* und mit *derselben rücksichtslosen Vorgangsweise* auch sich *in alle Bestandteile* zerlegt.[27] Das satirische Schreiben hat eine besondere Nähe zum Menschenfresserischen, und Bernhard blieb dieser Aspekt seiner Kunst keineswegs verborgen. Schreibend verwandelte er sich in ein *Scheusal*, das den andern – und sich selber – nach allen Regeln der Kunst zerlegt, sah sich gern in der Rolle des literarischen *Fallenstellers*, wollte *möglichst alt* und *möglichst boshaft* werden, *um möglichst gut zu schreiben.*[28] *Ich bin ja ein Berserker; ich will ja gut schreiben; ich müßte mich immer mehr vergrauslichen und immer mehr verfürchten und verfinstern im Bösen, damit ich besser werde.*[29] Zur literarischen Qualität seiner Texte gehört aber auch, obwohl davon bei ihm viel weniger die Rede ist, daß er zum rücksichtslosen Beobachter in seinem Werk eine Vielzahl von Gegenentwürfen, Gegen-

Mit Siegfried Unseld, Bernhards deutschem Verleger, auf einer Pressekonferenz anläßlich der polizeilichen Beschlagnahme von «Holzfällen», Frankfurt a. M., Oktober 1984

«Ich könnte auf dem Papier jemand umbringen.» Thomas Bernhard spielt einen Mörder. Wien, Stoß im Himmel 1, in der Wohnung von Anne-Marie Hammerstein, 1960

bildern und Gegenstimmen erschaffen konnte. In Bernhards spätem Roman *Auslöschung* (1986) sind das zum Beispiel der Blick des Kindes, die Welt der Kindervilla, der mediterrane Sensualismus des Onkel Georg, der unspektakuläre Widerstand Schermairs, die Gärtner von Wolfsegg, der *Umweltverzauberer* Gambetti oder die in Rom lebende österreichische Dichterin Maria, eine Romangestalt, hinter der unschwer Ingeborg Bachmann zu erkennen ist. Den *sich am Geist Versündigenden* nennt sie den mitleidlos beobachtenden Ich-Erzähler im Roman. *Sie hatte nur einen Scherz machen wollen, aber ich nahm diese Äußerung ihrerseits als die bittere Wahrheit.*[30]

Heldenplatz ist eine Gesellschaftssatire mit den für diese Gattung charakteristischen Zügen und Sprachmasken. In der Sprache des alten jüdischen Professors Robert Schuster sind die widersprüchlichen Züge der Wiener Moderne angelegt. Seine Tiraden erinnern, bis ins Wort, an Karl Kraus' Polemik gegen die österreichische Sozialdemokratie, aber auch an das dunkle, verstörende System eines Otto Weininger, das einen wichtigen Bestandteil der ressentimentgeladenen kulturellen Mentalität der österreichischen Ständestaats-Bourgeoisie ausmachte.[31] Und wie bei vielen anderen zentralen Gestalten Thomas Bernhards scheint auch in den beiden Brüdern Schuster die Biographie des Philosophen Ludwig Wittgenstein durch, der für Bernhard «der exemplarische österreichische In-

15

tellektuelle dieses Jahrhunderts» gewesen sein dürfte.[32] Über ihn schreiben, das war für ihn so, als würde er über sich selbst schreiben.[33] Wittgenstein, 1889 in Wien geboren, Sohn eines reichen jüdischen Großindustriellen, entzog sich der ihn in Österreich umgebenden «Gehässigkeit und Gemeinheit»[34] nach Cambridge. Der Lebensweg der beiden Professoren in *Heldenplatz* folgt diesem biographischen Muster, zeigt zugleich auch die Nähe von Genie und Wahnsinn und die suizidale Gefährdung. «Ich habe fortwährend daran gedacht, mir das Leben zu nehmen», liest man in einem Brief Ludwig Wittgensteins an Paul Engelmann.[35]

Typisch für die Gesellschaftssatire der Beginn von *Heldenplatz*: im Dienstbotinnenpalaver ersteht, bevor noch die «Herrschaften» auftreten, eine erste sprachliche Innenaufnahme einer Familie und zugleich einer Gesellschaftsschicht. Man erfährt, wie der nun verstorbene Professor Josef Schuster zu Lebzeiten *alle nur mißbraucht*[36] habe, *ein Egoist / durch und durch*[37]. Ein kleinlicher, wahnbesessener Tyrann, *Genauigkeitsfanatiker*[38], *Pedant*[39] und voll abstruser Vorurteile. *Untermenschen*[40] waren für ihn die nächsten Familienmitglieder – und der Autor des Stücks wußte, wo dieses Wort herkam.

Treten dann die *Herrschaften* im zweiten Akt auf, vom Begräbnis Professor Josef Schusters kommend, der sich aus dem Fenster gestürzt hat, ist gleich vom nun fälligen Hausverkauf die Rede, vom schon erfolgten Wohnungsverkauf in der Innenstadt, von zusätzlichen Zahlungen an die Wirtschafterin, was *jetzt nicht mehr gehe*[41], von den *Unsummen*, die die Fabriken der Mutter *abwerfen*[42], von den destruktiven Beziehungen in der Familie, dem gnadenlosen Macht- und Vernichtungsspiel, auf dem *die Ehe aufgebaut* ist: *es fragt sich nur wer zuerst vernichtet wird / wer sich zuerst zerstören / und vernichten läßt*[43].

Wie in allen Texten Bernhards erfährt man nichts davon, welche Philosophie die Philosophie-Professoren eigentlich vertreten. Statt dessen führt uns der dramatische Text ein System von persönlichen Vorlieben, Leidenschaften, Ressentiments und Idiosynkrasien, Leiden und Krankheiten vor, in denen Thomas Bernhard selber zu erkennen ist. Dem *Genauigkeitsfanatismus, Schuhfetischismus*, der *Zeitungsleidenschaft*, Theater- und Musikbesessenheit war der Autor ja nachweislich ebenso verfallen, wie er die im Drama ständig karikierte österreichische Titelsucht verabscheute. Auch hat der Autor in *Heldenplatz* die eigenen Krankheitssymptome und seine das Begräbnis und das Testament betreffenden Verfügungen inszeniert. So nah vor dem eigenen Tod gab er sich mit seiner Todeskrankheit dem «Theater» preis. Der kurze Atem, der geschwächte Körper des schwer herzkranken Professor Robert, das ist er selber in seinem finalen Körperzustand – *Herzschwäche / letztes Stadium*[44]: *der Körper ist kaputt aber der Kopf ist jeden Tag / neu geboren / das ist ein entsetzlicher Zustand / in der Frühe kann ich mir nicht vorstellen / wieder auf die Beine zu kommen / aber ich gebe nicht auf / ich gebe nicht nach und ich gebe nicht auf*[45]. Und gerade dadurch wird der Widerstand in der Rolle des erstickenden, vom Körper im Stich gelassenen österreichischen Juden zu einem bewegenden dramatischen Text: *damit ihr nicht glaubt / ich bin schon tot das bin ich nicht im Gegenteil*, gestattet er sich noch *eine Erregung*[46] – ebenjene Form der affektiven Kritik, die der Autor selber als literarische Gattung erfunden hat –, um mit dem österreichischen Staat, der sich, in der zweiten Szene, *Volksgarten*, um ihn herum aufbaut, abzurechnen. Mit Worten wird noch einmal zum Schlag gegen den Staat ausgeholt, um im Angriff die geschlagene Seele und den niederdrückenden Körperzustand zu erleichtern.

Wie aber konnte es kommen, daß der österreichische Staat für Thomas Bernhard zu einem Gegenüber wurde, das seinen ganzen Haß und Abscheu immer aufs neue auf sich ziehen konnte? Wie war es möglich, daß ihn der Staat *jahrelang auf das tiefste zu quälen und bis in die Zellen hinein auf das tödlichste zu stören imstande gewesen* war[47], daß er sofort mit körperlichen Affekten reagierte, wenn vom Staat die Rede war? *Heldenplatz* ist ja nur der Schlußpunkt eines jahrzehntelang geführten literarischen Diskurses, in welchem Ekel-Reaktionen die rationale Staatskritik und politische Reflexion zurückdrängten: *der Staat eine Kloake stinkend und tödlich*[48], *ein großer Misthaufen*; in *diesem fürchterlichsten aller Staaten* breitet sich *ein unerträglicher Gestank*[49] aus, im österreichischen Staat ist *die Schweinerei oberstes Gebot*[50]. *Wie mich vor allem hier ekelt / ich spreche ja nicht davon /[...] wie mich vor allem ekelt.*[51]

Schon in den frühen Prosatexten und der Lyrik aus der zweiten Hälfte der fünfziger Jahre begegnet dieser körperliche Affekt, der politische Analyse und Reflexion abwehrt. *Von Natur gegen* – das ist die charakteristische Wendung, wenn vom Staat und allem, was mit dem Staat zusammenhängt, die Rede ist, vom *Polizeiapparat*, dem *Staatszuhilfekörper, der durch die Himmelsrichtungen stinkt*[52], oder wenn es gegen die *Staatsschweine in grauen Rupfenanzügen*[53] geht. Schon damals auch die für Bernhards Werk charakteristischen Ekel-Litaneien gegen die Politiker, als hätte das Verhältnis zum Staat und zur Politik mit der Geschichte des eigenen Körpers zu tun, als wäre es nicht das «Resultat denkender Überlegung», sondern «eines der Physis» und ihrer Geschichte.[54]

Die Ursache von Thomas Bernhards Staatsekel und Geschichtshaß ist nicht erst, wie das seit seinem Tod und seit der Veröffentlichung des Testaments zu hören ist, in den Kränkungen des Schriftstellers in seinen letzten Lebensjahren zu finden. Wie wäre es sonst zu erklären, daß schon seit Mitte der fünfziger Jahre einander ähnliche literarische Bilder seinen Affekt gegen den Staat zum Ausdruck bringen?

Geschichte als Verletzung
Der lebensgeschichtliche Staatskomplex

Man muß sich vergegenwärtigen, daß der junge Thomas Bernhard zunächst die staatlichen Bildungs- und Erziehungsinstitutionen in der Zeit des autoritären österreichischen Ständestaats und, seit der Übersiedlung nach Deutschland zum Jahreswechsel 1937/1938, in Heimen und Schulen des NS-Staats durchläuft. Bernhards Darstellung seiner Schulzeit in den autobiographischen Erzählungen ist im Faktischen nicht sehr zuverlässig. Worauf es ihm ankommt, vermittelt die literarische Sprache indirekt über die Bilder: die tiefgehende Verletzung eines Ich durch die staatlichen Institutionen.

Das uneheliche Kind wuchs von seinem ersten bis zu seinem siebten Lebensjahr vor allem bei den Großeltern auf. Von Herbst 1931 an war es bei den Großeltern in Wien, ab 1935 dann drei Jahre im salzburgischen Seekirchen, wohin die Großeltern mit dem Vierjährigen übersiedelt waren. Auch später, als das Kind zu Mutter und Stiefvater ins deutsche Traunstein kam, zogen die Großeltern noch im Jahr 1938 ins nahegelegene Ettendorf, und das Enkelkind erachtete sie weiter als für sich zuständig. Als uneheliches Kind und neu in der neuen Familie der Mutter, in der 1938 ein Halbbruder dazukam, dürfte es sich, wie die autobiographischen Erzählungen suggerieren, zu Hause und in der Schule, noch dazu im Ausland, verlassen und ausgesetzt gefühlt haben. Immer wieder begegnet später der Vorwurf, *völlig alleingelassen*[55] worden zu sein, von seinen Nächsten *aus dem Kopf und aus der Hand in die staatliche Züchtigung gegeben*[56]. Nach einem glücklichen ersten Volksschuljahr in Seekirchen habe nach einem Lehrerwechsel der Schulalptraum begonnen, der dann in Traunstein zur Katastrophe wurde. Die Sprache in Bernhards Lebenserinnerungen vergegenwärtigt durchgängig dieses Schultrauma in einer traumatischen Zeit. Hilflos wie niemals zuvor, *in einem entsetzlichen Zustand*, alles in ihm *gelähmt*, tritt das Kind den täglichen Schulweg als täglichen Gang zur Hinrichtung an, *zum Schafott – und meine endgültige Enthauptung wurde nur immer hinausgezogen*. In dieser Zeit kommt der Siebenjährige *zum erstenmal* auf den Gedanken, sich *umzubringen*.[57] Mit großer Sehnsucht denkt er nach der Übersiedlung an Seekirchen, an das

«Das Paradies» der Kindheit: der Hippinghof, «ein Riesenreich, in welchem die Sonne nicht unterging» («Ein Kind», S. 17). Thomas Bernhard vorne rechts, neben ihm der Hippinger Hansi, 1937

verlorene *Paradies* Österreich, dessen Herzstück der Hippinghof war und die Freundschaft mit dem Hippinger Hansi, *ein Riesenreich, in welchem die Sonne nicht unterging.*[58] In Bernhards späterer Österreich-Kritik scheint jene Sehnsucht nach einem in märchenhafter Vergangenheit gelegenen Österreich der Kindheit mitzuschwingen, ein Paradies, das von keiner staatlichen Realität zurückerstattet werden konnte, schon gar nicht vom Nachkriegsösterreich, das die NS-Verbrechen aus politischer Berechnung verschwieg und mit der nur widerwilligen und kleinlichen Entschädigung der Nazi-Opfer auch den um seine Kindheit gebrachten Autor vor den Kopf stoßen mußte.

Das Gefängnis in der Nähe der Schule in Traunstein, *ein abschreckendes Gebäude*[59], steht als Grundmodell für das System von «Überwachen und Strafen»[60], für all die staatlichen Institutionen, denen der *Erziehungshäftling* in der Folge ausgeliefert wird: *das Jungvolk und seine Tyrannei* als der nächste Kreis des nationalsozialistischen Erziehungsinfernos, dann, wahrscheinlich 1942, die Verschickung in ein nationalsozialistisches Heim für schwererziehbare Kinder im thüringischen Saalfeld, die von einer staatlichen Fürsorgebeamtin fast handstreichartig durchgeführt wird. Aus dieser Zeit hat sich in der Erinnerung des Autors ein *Schreckensbild* festgesetzt, das die Verletzung durch den staatlichen Zugriff erkennen läßt: das Kind, *als Bettnässer entlarvt*, unten im Waschraum der Erziehungsanstalt, *wo nur noch die Keller waren*, neben ihm ein anderes Opfer, dem *das kotbeschmutzte Leintuch um den Kopf*

Thomas mit seiner Mutter Herta Bernhard, Sommer 1937

geschlagen wird, während man ihm selber *die wundgewetzten Oberschenkel an den Hoden mit einem weißen Puder bearbeitete.*[61] Und gerade bei diesem mit Scham besetzten Gebrechen mußte das Kind besonders verletzbar sein, weil es ja auch schon von der Mutter der Öffentlichkeit preisgegeben worden war, als sie das urindurchnäßte Leintuch wie eine Fahne auf dem Balkon des Hauses im kleinstädtischen Zentrum von Traunstein aufgehängt hatte. Eine subtile Verflechtung von Familien- und Staatsterror, noch dazu, wo die Mutter den Staat, der anstelle des leiblichen Vaters für das illegitime Kind eine finanzielle Unterstützung zahlte, als Ersatzvater zur Erniedrigung des Kindes gebrauchte. Mit den Worten *«damit du siehst, was du wert bist»* [62], schickte sie den *«Nichtsnutz»*, der *«nichts wert»* ist und *«an allem schuld»*[63], auf das Rathaus, um die für ihn gewährte staatliche Unterstützung abzuholen.

Mitten im Krieg, in der Zeit der sich massierenden Bombenangriffe, im Herbst 1943, wird der Zwölfjährige in ein staatliches Internat in Salzburg gegeben, in das nationalsozialistisch geführte Schülerheim in der Schrannengasse, das er, ein staatliches Erziehungsopfer, noch einmal als *zunehmende Strafverschärfung* erlebt, als *staatlichen Kerker.*[64] Wieder verfällt er auf Selbstmordgedanken, lieber *kürzesten Prozeß* machen, *als sich nach und nach durch einen staatlich-faschistisch-sadistischen Erzie-*

hungsplan als staatsbeherrschendes Erziehungssystem nach den Regeln der damaligen großdeutschen Menschenerziehungs- und also Menschenvernichtungskunst zerstören und vernichten zu lassen [65]. *Das Ausgeliefertsein im Internat und in der Schule* wird gegen Ende des Jahres 1944 um so bedrückender, als die Stadt selbst dem totalen Krieg ausgesetzt ist und er *überhaupt nirgends in dieser Stadt einen ihn schützenden Punkt hatte.* [66] Nach dem dritten und schwersten Bombardement Salzburgs am 17. November 1944 holt die Großmutter den gepeinigten Zögling nach Hause. In Traunstein habe er bei einem *Gärtner, bei der Firma Schlecht und Weininger, zu arbeiten angefangen,* heißt es in *Die Ursache* [67], was aber nirgends in den erhaltenen Geschäftsbüchern der Traunsteiner Gärtnerei belegt ist. Mit der Zerstörung des Betriebs durch einen schweren Bombenangriff am 18. April 1945 sei das – mindestens offiziell niemals existierende – Arbeitsverhältnis beendet worden.

Als der inzwischen Vierzehnjährige im Herbst 1945 nach dem Kriegsende in das alte, notdürftig zusammengeflickte und übertünchte Internatsgebäude zurückkehrt, um nun das Salzburger Bundesgymnasium zu besuchen, habe er schockartig erlebt, wie der nationalsozialistische Heimbetrieb durch einen katholischen ersetzt worden sei, aber in den *Züchtigungsmethoden* beinahe *vollkommene Übereinstimmung* herrschte. *Es hatte alles nur einen anderen Anstrich und alles hatte nur*

Der beim Luftangriff vom 16. Oktober 1944 getroffene Salzburger Dom — «wie wenn dem riesigen, das untere Stadtbild beherrschenden Bauwerk eine entsetzlich blutende Wunde in den Rücken gerissen worden wäre» («Die Ursache», S. 26)

Anna Bernhard, die Großmutter, mit ihrem Enkel Thomas

andere Bezeichnungen, die Wirkungen und die Auswirkungen waren die gleichen gewesen.[68] Auch das sogenannte Staatsgymnasium erlebt er als ein katholisches Gymnasium. Nichts Neues hatte begonnen, 1945 war keine Zäsur, höchstens an den autoritären katholischen Ständestaat war angeschlossen worden, *der ganze österreichische Staat hat sich ja auch immer «katholischer Staat» genannt*[69]. Die blasphemisch konstatierte Austauschbarkeit hat ihren historischen Wahrheitsgehalt in der Tatsache, daß in Österreich, mindestens partiell, Nationalsozialismus und Katholizismus eine unheilige Allianz eingegangen waren, die bis zur Gleichsetzung von «katholisch» und «deutsch» ging.[70] Für immer setzt sich die Grunderfahrung der Austauschbarkeit durch: das Bild des *Requisitenstaats*, in dem *alles austauschbar* ist[71], wie der Schriftsteller in seiner Rede anläßlich der Verleihung des Österreichischen Staatspreises zwanzig Jahre danach sagen wird.

Thomas Bernhard hat seine spätere lebensgefährliche Erkrankung und die sich daran anschließenden Aufenthalte in den Krankenanstalten und Lungenheilstätten als Fortsetzung und Steigerung der als verletzend erlebten Staatsgewalt beschrieben. Aufgrund einer nicht ausgeheilten Erkältung an einer schweren Lungen- und Rippenfellentzündung erkrankt, wird der Siebzehnjährige, er arbeitete nach dem Schulabbruch im April 1947 als kaufmännischer Lehrling in einer Gemischtwarenhandlung in Salzburg, im Jänner 1949 ins Salzburger Landeskrankenhaus eingeliefert. Sein Zustand erscheint so hoffnungslos, daß man ihn in einen riesigen

Krankensaal mit todkranken Patienten legt. Wie ausgesetzte Kinder liegen die sterbenden alten Männer in den zum Teil vergitterten Eisenbetten. Nur mehr mit kalter Routine konfrontiert, ausgeliefert an *Ereignisse und Geschehnisse, rücksichtslos und erbarmungslos wie keine andern*[72] in seiner bisherigen Existenz, erlebt er die staatliche Krankenanstalt als *Antiheilungs-, ja Menschenvernichtungsmaschine*[73].

Grafenhof, nach einem Zwischenaufenthalt in Großgmain, von Juli 1949 bis Februar 1950 und vom Juli 1950 bis Jänner 1951[74] die nächste Station unter den Krankenanstalten Nachkriegs-Österreichs, eine Lungenheilstätte im salzburgischen Pongau, war von vornherein ein *Schreckenswort*. Dort herrschten die besonders für den jungen Menschen *entsetzlichen Zustände einer öffentlichen Lungenheilstätte*[75].

«Der Keller», die Gemischtwarenhandlung in der Scherzhauserfeldsiedlung in Salzburg, wo Thomas Bernhard von April 1947 bis zum Jahresbeginn 1949 als Verkäuferlehrling arbeitete

Wieder die Erfahrung, daß das Jahr 1945 in den staatlichen Institutionen keine Zäsur darstellte. Der Primar *war schon im Krieg hier gewesen und, obwohl Nationalsozialist, bei Kriegsende weiter geblieben*, so wie er auch sein *streng militärisches Gehaben* beibehielt, die Patienten *als gemeine Soldaten* und *die Heilstätte als Strafanstalt betrachtete und auch als Strafanstalt führte*.[76] Man erfuhr dort *am eigenen Leib*, was es damals bedeutete, lungenkrank zu sein. *Es war schlimmer, nach Grafenhof zu gehen, als nach Stein oder Suben oder Garsten, in die berühmten Strafanstalten*.[77]

Es liegt geradezu in der Konsequenz der Erbschaften jener Zeit, wenn Thomas Bernhard als Einundzwanzigjähriger, endlich aus all den staatlichen Zwangsanstalten der Vorkriegs-, Kriegs- und Nachkriegszeit entlassen, seine Schule des Schreibens als Gerichtsberichterstatter im Salzburger Justizgebäude beginnt: *[...] der ganze Krieg sitzt noch in diesem*

Die Lungenheilstätte Grafenhof in der Nähe von Schwarzach-St. Veit im Land Salzburg. Thomas Bernhards Aufenthalt fällt in die Zeit von Herbst 1949 bis Winter 1950/51

Gebäude, diese ganze Häßlichkeit!, heißt es in einem frühen, autobiographisch gefärbten Prosatext in den fünfziger Jahren; jemand wendet ein, der Staat habe halt kein Geld für die Sanierung des Gebäudes – *der Staat, sage ich: «der Staat ist ein großer Dreck!»*[78] Das Ich ist, was den Staat betrifft, für keinen rationalen Einwand zugänglich, denn in dem Gebäude ist seine lebensgeschichtliche Vergangenheit, sein *Herkunftskomplex,* mauerhaft gegenwärtig. Im späteren Prosawerk werden es immer wieder Gebäude sein, in denen das Ich seine Geschichte rekonstruiert. So etwa wird in *Auslöschung* ein riesiger Gebäudekomplex, das Schloß Wolfsegg, die architektonisch verräumlichte österreichische Geschichte, im erinnernden Durcharbeiten aufgelöst und ausgelöscht. *Das allertraurigste Kapitel* der *Wolfsegger Geschichte* ist die *Kindervilla, denn sie läßt sich nicht mehr herrichten.* Das Wolfs-Eck von Faschismus und Krieg ragt zerstörerisch in die Kindheit hinein. Einen Moment lang hatte sich der Erzähler der Illusion hingegeben, *mit der Kindervilla auch die Kindheit wieder herrichten zu können.*[79]

Daß Bernhard vom Katastrophalen und Destruktiven seiner Umwelt so tief getroffen werden konnte, daß er so *wehrlos bis in das Zentrum* seines *Wesens hinein* sich hat *beschädigen lassen müssen*[80], dürfte mit einem noch weiter in die Frühgeschichte des Ich zurückreichenden seelischen Trauma zusammenhängen, das ihn zu dieser alles überschattenden

Erfahrung disponierte. An vielen Stellen seines Werks insistiert Bernhard auf den lebensentscheidenden frühen Katastrophen des Ich. *Immer könne man von später in einem Menschen eingetretenen Katastrophen auf frühere, meistens sehr frühe Schädigungen seines Körpers und seiner Seele schließen*[81], *immer* ist es die Erfahrung, *früh allein gelassen, vielleicht schon immer allein gewesen*[82] zu sein, niemanden gehabt zu haben, an dem *man sich hätte anhalten können. Meine Familie*, sagt der Maler in Bernhards erstem Roman, *Frost* (1963), *hat sich für mich schon früh in Dunkelheit aufgelöst, war einfach über Nacht in Dunkelheit hinein verschwunden, hatte sich meinen Blicken entzogen.*[83] Und immer wieder ist, auch in Interviews mit Thomas Bernhard, plötzlich vom Verbrechen der Mütter an den Neugeborenen die Rede, von den Müttern, die fürs Kinderkriegen bestraft gehörten, die aber andrerseits keine Schuld treffe, weil *immer und in jedem Falle und in jedem Lande und Staatsgebilde* die Regierungen die Hand im Spiel haben bei diesem größten *Verbrechen, das in den ersten Lebenstagen und ersten Lebenswochen und ersten Lebensmonaten* von den Müttern an ihren Kindern begangen wird – *denn alles, was der neue Mensch in diesen ersten Tagen und Wochen und Monaten und Jahren aufnimmt und wahrnimmt, ist er dann für sein ganzes künftiges Leben*[84].

«Meine Mutter hat mich weggegeben»
Die Frühzeit des Ich

Im Frühjahr 1930 wird Herta Bernhard im salzburgischen Henndorf, wo sie sich mehrere Wochen aufhält, schwanger. Sie ist ledig, war bisher als Haushaltsgehilfin tätig, um mit den Einkünften auch ihren Vater, den erfolglosen Schriftsteller Johannes Freumbichler, zu unterstützen. Der Vater des Kindes, Alois Zuckerstätter, ein Henndorfer Tischlergeselle, will nichts von einer Heirat wissen. Mitte Juni fährt Herta Bernhard nach Holland, weil sich dort leichter Arbeit finden läßt und um ihren Eltern in Wien die Schande eines unehelichen Kindes zu ersparen. Sie wendet sich an Aloisia Ferstl, eine aus Henndorf stammende Bekannte, die ihr weiterhilft. Es findet sich eine freie Stelle als Küchenmädchen in Arnhem. Im Spätherbst wird sie in eine Hebammenschule aufgenommen, die «Moederschapszorg Kweekschool voor vroedvrouwen» in Heerlen, heute die «St. Elisabeth Kliniek-Vroedvrouwenschool». In einem Brief an ihren Vater vom 6. Dezember 1930 berichtet sie von den strengen Regeln der Schule, in der sie als Lehrobjekt für die Hebammenschülerinnen zur Verfügung stehen muß. Am Montag, dem 9. Februar 1931, um dreiviertel neun am Abend, kommt ihr Kind in Heerlen zur Welt. Die Geburtseintragung im Gemeindeamt von Heerlen enthält den Namen «Nicolaas Thomas». Unter der Rubrik «vader» wurde keine Eintragung vorgenommen. Am nächsten Tag wird das Kind katholisch getauft.

Herta Bernhard möchte so schnell wie möglich die Entbindungsanstalt verlassen, sie möchte in Amsterdam arbeiten, das Kind dort unterbringen. Aber sie bleibt dann doch mit dem Kind von Februar bis Anfang Mai im «Doorgangshuis» der Entbindungsanstalt, das ledige Mütter aufnimmt. Am 27. Februar erreicht sie ein Brief von Alois Zuckerstätter, aus dem für sie klar wird, daß auf seine Hilfe nicht zu rechnen ist. Er verschwindet dann für lange Zeit, selbst für die Behörden nicht auffindbar, ist als Saisonarbeiter irgendwo unterwegs, eine polizeilich eingeklagte Zechschuld in Vorarlberg ist belegt, dann verlieren sich die Spuren. Erst nach Jahren wird er in Berlin ausfindig gemacht. Er erkennt das Kind nicht als das seine an; in einem Vaterschaftsprozeß wird er aber gerichtlich als Vater bestätigt. Thomas Bernhard ist schon acht Jahre alt, als er in Traunstein in die gerichtsmedizinische Untersuchung einbezogen wird.

Herta Bernhard, die Mutter, in einer Aufnahme aus dem Jahr 1932, kurz nach ihrer Rückkehr aus Holland

Sein Vater, den er nie gesehen hat und von dem er nur Unbestimmtes wußte, er stellte zu Hause ein Tabu dar und diente der Mutter höchstens im Streit zur Verfluchung des Sohnes, ist nicht 1943 bei einem Bombenangriff in Frankfurt an der Oder ums Leben gekommen, wie das der Autor der autobiographischen Schriften vermutet. Er wurde am 2. November 1940 in seiner Wohnung, Berlin 18, Friedensstraße 85, tot aufgefunden. Dem Alkohol verfallen, hatte er Selbstmord begangen. Er ließ eine Frau mit ihrer gemeinsamen Tochter zurück, eine Halbschwester Thomas Bernhards, Hilda Zuckerstätter. Sie wird ihren österreichischen Halbbruder nie kennenlernen. Sowohl die Spuren des leiblichen Vaters

Alois Zuckerstätter, der Vater, 1938. Einmal habe Thomas Bernhard diese Photographie gesehen, und er sei über die Ähnlichkeit zutiefst erschrocken («Die Kälte», S. 75)

wie die der Halbschwester hat der unermüdliche französische Bernhard-Forscher Louis Huguet ausfindig gemacht. Als sie im Februar 1989 von ihrem Halbbruder erfährt, Huguet hatte sie über den Suchdienst des Roten Kreuzes in der DDR eruieren können, ist Thomas Bernhard seit zehn Tagen tot.

Am 7. Mai haben Mutter und Kind das «Doorgangshuis» in Heerlen verlassen. Das Kind verbringt dann aber nicht, wie Thomas Bernhard schreibt, das erste Jahr auf einem Fischkutter in Rotterdam auf dem Meer. Sein *damaliger Meeraufenthalt prägt* seine *ganze Geschichte*, heißt es in *Ein Kind – Im Grunde bin ich ein Meermensch*, weil *ich mein erstes Lebensjahr, die ersten Tage abgerechnet, ausschließlich auf dem Meer verbracht habe, nicht am Meer, sondern auf dem Meer, was mir immer wieder zu denken gibt und in allem und jedem, das mich betrifft, von Bedeutung ist.*[85] Die Wirklichkeit ist viel prosaischer, darum freilich nicht weniger prägend. Die genaue Rekonstruktion der An- und Abmeldungen in Rotterdam und nahegelegenen Städten ergibt mehrere Adressen von befreundeten Familien, Dienstgebern und Pflegefamilien bzw. Kinderheimen.[86] Es geht also nicht auf ein Fischerboot, sondern zunächst in provisorische Unterbringungsplätze. Provisorisch, unbeständig und vom Abbruch bedroht ist in diesen Monaten alles, und sicher wird auch später nichts sein. Zuerst ist das Kind kurz bei Aloisia Ferstl in Rotterdam, anschließend bei einem befreundeten Ehepaar, ab Mitte Mai wird es dann zwei Wochen lang von einer Familie in der Nähe des «Voorhaven», Watergeusstraat betreut, ab Pfingsten in einer gewerblich betriebenen Kinderbewahranstalt, dem «Bergsteyn» in Hillegersberg. Die Adresse hat Herta Bernhard von der Dienstgeberin, bei der sie als Küchengehilfin arbeitet. In der «ordentlich» geführten Kinderbewahranstalt – Preis 7 Gulden pro Kind und Woche – gibt es etwa 25 Plätze in Zimmern mit sieben oder acht Betten. Das Heim ist so «ordentlich», daß die Mutter bei ihren vierzehntäglichen Besuchen, Besuchszeit zwanzig Minuten, das Kind nicht einmal aus dem Bett herausnehmen darf. Die längste Zeit seines Hollandaufenthaltes, an die vier Monate, hat das Kind dort verbracht und, wie die Mutter bei den seltenen Besuchen traurig bemerkt, fremd und vorwurfsvoll auf sie gestarrt. Aber wie hätte sie öfter bei ihrem Kind sein können bei einer Arbeitszeit von früh am Morgen bis gegen zehn am Abend? Aus den Briefen Herta Bernhards an ihre Eltern in Wien und

Die Großmutter Anna Bernhard mit ihrem Enkelkind Thomas in Wien. In «Ein Kind» erwähnt Thomas Bernhard ein Photo, das ihn «in einem luxuriösen Zweirad und großzügiger Lehne und mit einer langen Holzstange» zeigt (S. 61)

aus den Erinnerungen Aloisia Ferstls läßt sich das Drama eines Kindes ablesen, das in der schutzlosesten Zeit der kältesten Ordnung ausgesetzt war. Auf dem Fischkutter im «Delftshavense Schrie» verbrachte das Kind wahrscheinlich nur mehr die letzten Wochen, übrigens als das einzige Pflegekind. Mitte Juni bereits taucht in einem Brief Herta Bernhards an Johannes Freumbichler der Gedanke auf, Thomas den Großeltern in Wien zu übergeben. Unter dem Datum «7.–10. September» 1931 findet sich in Johannes Freumbichlers Tagebuch die Eintragung: «Thomerls (7 Monate) und Hertas Herkunft.» Man hat die Rückkehr in der Bernhard-Forschung auf 1932 datiert, weil Bernhard in den autobiographischen Erzählungen von einem einjährigen Aufenthalt schreibt. Aber auch die fremdenpolizeilichen Akten halten die Rückkehr nach Wien im Herbst 1931 fest.[87] Herta läßt das Kind bei seinen Großeltern und kehrt wieder nach Rotterdam zurück, wo die Verdienstmöglichkeiten besser sind. Ab Mai 1932 ist sie endgültig aus Holland zurück, und im Juni arbeitet sie bereits «als Hausgehilfin und Köchin» in Wien, wohnt auswärts, bei den verschiedenen Dienstgebern, wenn es sich einrichten läßt auch bei ihren Eltern und ihrem Kind in der Wernhardtstraße 6 im 16. Bezirk.

Wozu diese trockenen biographischen Fakten über das erste Lebensjahr des Kindes anführen, über die Frühzeit eines sich doch erst bildenden Ich? Die Antwort gibt das literarische Werk Thomas Bernhards, das ständig auf diese dunkle kindheitliche Prähistorie zurückführt und den Ursprung von Weltmißtrauen, Kälte und Finsternis, von Trennung, Alleinsein und Brüchigkeit der Beziehungen aus solch ersten lebensgeschichtlichen Katastrophen erklärt, wie die *Einzelhaft* des Kindes im Kinderheim in Hillegersberg eine gewesen sein dürfte: *alles*, woran das Kind sich *anzuhalten versucht habe*, war *schon früh in Dunkelheit aufgelöst, war einfach über Nacht in Dunkelheit hinein verschwunden*[88]; *das Alleinsein, das Abgeschnittensein, das Nichtdabeisein einerseits, dann das fortgesetzte Mißtrauen andererseits aus dem Alleinsein, Abgeschnittensein, Nichtdabeisein heraus. Und das schon als Kind …*[89]

Wie unter einem Wiederholungszwang, der dem Schreiben die monomanische subjektive Dynamik verleiht, entsteht im Werk Bernhards eine gewaltige Bildersprache zum Ausdruck der *Urwahrheit* der Trennung, der Kälte und der Finsternis. Alles ist *zerbrochen und zerrissen und zerschlagen*[90]. Die Kälte ist *die A-Wahrheit*, ist sie doch in das Ich selber versenkt: *[…] wohin ich gehe, die Kälte geht in mir mit mir. Ich erfriere von innen heraus.* Man *könnte möglicherweise alles*, was ihn betreffe, *auf die Kälte zurückführen*, sagt der Fürst in der *Verstörung*. Vom *Zimmerer* heißt es in der gleichnamigen Erzählung, *die Eltern hätten ihn, anstatt in Leintücher, in ihre leibliche und seelische Kälte gewickelt*[91]. *Die Kindheit ist das finstere Loch, in das man von den Eltern hinuntergestoßen worden ist und aus dem man ohne jede Hilfe wieder herauskommen muß*, so der alte Reger in *Alte Meister*, dem zwar nicht als letzten erschienenen, aber als letzten geschriebenen Roman.[92]

Das frühe Unglück der Trennung wird vom Schriftsteller zur poetischen Forderung und persönlichen Verhaltensmaxime verabsolutiert. *Es darf nichts Ganzes geben, man muß es zerhauen. Etwas Gelungenes, Schönes wird immer mehr verdächtig. Man muß ja auch einen Weg möglichst an einer unvorhergesehenen Stelle abbrechen ...* Auch *im Umgang mit* Menschen ist es sehr gut, wenn man die Beziehung *plötzlich abreißt.*[93] Die interessanteste poetologische Äußerung Thomas Bernhards, ein Selbstgespräch, unter dem Titel *Drei Tage* als Fernsehfilm und als Text publiziert, endet mit jener Urszene, nur daß jetzt das Ich aus der Rolle des Opfers in die des Täters hinübergewechselt ist: *Man müßte herausgehen aus allem, die Tür hinter sich nicht zumachen, sondern zuwerfen und weggehen.*[94]

Daß der Verstand für ihn zu einem Mittel des Überlebens wurde, weil die sinnlich-körperlichen Gewißheiten sich plötzlich in nichts auflösten, ist von Bernhard oft und oft beschrieben worden. Die Aufgabe der Verstandeskunst, der *Vernunft der Winterkälte*[95], ist es, *das Gleichgewicht der Zusammenhänge*, die ihm *verlorengegangen waren, wieder herzustellen*[96], das Ich künstlich auszubalancieren, dem *Analytiker* die *Oberhand* einzuräumen.[97] *Hoch oben dieser Riesenkopf, tief unten ununterbrochen diese schwachen, zerbrechlichen Beine.*[98] Mit dem Verstand sollte künstlich zusammengesetzt werden, was an Gefühlen und Affekten nicht lebendig zusammenwachsen konnte. *Ich war immer nur froh zu überleben*, hat Bernhard einmal in einem Interview gesagt. *Es ist mir nichts anderes übriggeblieben, als mich in meinen Verstand zu flüchten und mit dem irgend etwas anzufangen, weil das Körperliche nichts hergegeben hat. Das war leer.*[99]

In den literarischen Werken Bernhards begegnet man vor allem den Monologen von *Geistesmenschen*, die in einer Welt zerbrochener Beziehungen ihr Weltmißtrauen exerzieren und ihre Existenz mit dem Kopf zu beherrschen versuchen. Ihre rhythmisch-musikalischen Monologe[100] sprechen aber indirekt von der Sehnsucht nach einer tragenden harmonischen Ordnung. Als *Fortifikation* des brüchigen Ich und *Gegenrede* zur feindlichen Welt könnte man diese künstlich-künstlerischen Sprachwelten bezeichnen.[101] Mit ihren vielfältigen Parallelstrukturen und endlosen Wiederholungen versuchen sie, einen Zusammenhang zu erschaffen, der nicht mehr – wie jene früheste lebensgeschichtliche Symbiose – plötzlich zerrissen werden kann. Zugleich ermöglicht es die assoziative Sprachbewegung, die abgespaltenen Teile des Ich der Kommunikation zugänglich zu machen, jene *Bruchstücke eines fremden Lebens*, die einem *oft tot vor die Füße* fallen.[102]

In seiner Bildersprache hat Bernhard für diese abgespaltenen, «toten» Bezirke des Ich oft das Bild des Sarges und des aufgebahrten Leichnams

Der tote Schloßherr von Wolfsegg, eine der vielen Aufbahrungsszenen im Werk Thomas Bernhards. Aus der Verfilmung von «Der Italiener», Regie: Ferry Radax

gewählt. Schon in den frühen Dramoletten brachte er aufgebahrte Tote und Särge auf die Bühne, und auch in der Lyrik wurden Sarg und Leichnam zu dichterischen Requisiten – *Ein Frauensarg, / was ist das für ein Schweigen? / Ein Kindersarg, / was ist das für ein Lohn?*[103] In einem Gedicht mit dem Titel *Erinnerung an die tote Mutter* heißt es: *In der Totenkammer liegt ein weißes Gesicht, du kannst es aufheben / und heimtragen, aber besser, du verscharrst es im Elterngrab, / bevor der Winter hereinbricht und das schöne Lächeln deiner Mutter zuschneit.*[104]

Man könnte die späteren Aufbahrungs- und Begräbnisrituale im Werk Bernhards als Versuche deuten, jene – vereinfacht gesagt – gänzliche Verlassenheit im Gitterbett des Kinderheims heraufzuholen in symbolisch-zeremonielle Formen der Anteilnahme an dem Toten. Thomas Bernhard hatte es schon als Kind gern, sich totzustellen, um Mutter und Stiefvater zu erschrecken. Ein Spiel, das selbst noch den Schriftsteller fesseln konnte, wenn er in karnevalesken Aufbahrungsszenen, wie Karl Hennetmair berichtet, den Toten spielte.[105] So steckt im skurrilsten Unsinnsspiel wie in den traditionellsten Elementen der literarischen Bilder Bernhards, im Todeszeremoniell des österreichischen Barock oder im schwarzen Surrealismus, ein Stück seiner Geschichte.

Selbst die faktische Wirklichkeit des Belegbaren, die Namen oberösterreichischer Orte in der literarischen Topographie von Bernhards Büchern, scheinen von seiner eigenen Geschichte zu erzählen. Wie ein vorsprachliches Erinnern an dramatische Urszenen der Verlassenheit und Überwältigung klingt es aus den archaischen Namen *Altensam, Peiskam, Ungenach* und, vom frühen Prosafragment *Der Italiener* (1963) bis zum späten Roman *Auslöschung* (1986) – *Wolfsegg*. Schon 1953 war Bernhard in einem Artikel über *Geheimnisse* oberösterreichischer Flur- und Ortsnamen an den Namen Wolfsegg geraten, der *an die Wölfe* erinnert, *diese Bestien, die einst hier gehaust haben sollen* (Demokratisches Volksblatt, 19. September 1953). Oft werden die alptraumartigen Herkunftskomplexe mit der Herrschaft der üblichen schlechten Mutter verbunden, der die Schuld am Unglück des eigenen Ich zugeschrieben wird. Befreiung von der eigenen Geschichte ist nur um den Preis der Auslöschung des Ich möglich, durch die Rückkehr in jenen Zustand vor der ersten Katastrophe, als man *eines Tages [...] abgeschnitten* wurde, denn *ganz am Anfang wird man abgeschnitten und kann nicht mehr zurück, die Sprache, die man lernt und die ganzen Gehkünste und das Ganze überhaupt, sind nur für den einen Gedanken, wie man wieder zurückkommt* [106].

Ohne den Großvater mütterlicherseits, lesen wir in den autobiographischen Erzählungen Thomas Bernhards, hätte er nie die Kraft für den Umweg des Lebens gefunden. Ohne ihn war ihm das Leben *lange Zeit unvorstellbar gewesen* [107], und er hätte sich schon als Kind umgebracht. Daß das nicht nur eine Redensart ist, belegt eine Eintragung in den Tagebüchern von Johannes Freumbichler, die scheinbar nüchtern und distanziert im August des Jahres 1945 einen Selbstmordversuch seines Enkels Thomas festhält.[108] Der einzige wirklich geliebte Mensch war für Thomas Bernhard dieser Großvater, die rettende Gegeninstanz zur Mutter. Bernhards literarische Welt wäre undenkbar ohne ihn, denn der Großvater hat ihn in die Sprache und in die Welt der Kunst eingeführt. Die literarischen Figuren seines Werkes, *das ist immer wieder* sein Großvater mütterlicherseits:

Meine Mutter hat mich weggegeben. Ich bin in Holland, in Rotterdam, auf einem Fischkutter gelegen ein Jahr lang bei einer Frau. Meine Mutter hat mich alle drei, vier Wochen dort besucht. Ich glaub nicht, daß sie sehr viel für mich übriggehabt hat damals. Das hat sich allerdings dann geändert. Ich war ein Jahr alt, wir sind nach Wien, aber doch das Mißtrauen, das dann auch angehalten hat, wie ich zu meinem Großvater gekommen bin, der mich wirklich geliebt hat, umgekehrt. Dann die Spaziergänge mit ihm – das alles ist in den Büchern später, und diese Figuren, Männerfiguren, das ist immer wieder mein Großvater mütterlicherseits ... Aber neben dem Großvater immer wieder – man ist allein.[109]

Wer war dieser lebensentscheidende Großvater?

«Die Großväter sind die Lehrer»
Leben als Nachfolge

Seit Herbst 1931 lebte das Kind bei den Großeltern in Wien. Durch die Not in den dreißiger Jahren aus der Hauptstadt Wien vertrieben, kehrten die Großeltern mit dem vierjährigen Enkelkind Thomas Anfang 1935 in die Nähe ihrer dörflichen Heimat zurück, ins salzburgische Seekirchen. Hier war der Großvater, der österreichische Schriftsteller Johannes Freumbichler (1881–1949), *aufeinmal der städtisch gekleidete Herr mit dem Spazierstock, dem man neugierig, gleichzeitig argwöhnisch begegnete. Ein Romanschreiber, ein Denker! Die Verachtung, die er auf sich zog, war größer als die Bewunderung.*[110] Die paar städtischen Kleidungsstücke,

Thomas Bernhards
Großvater
Johannes Freumbichler
in Seekirchen

Das sogenannte Mirtelbauernhäusl auf der Bräuhaushöhe in Seekirchen.
Thomas Bernhard lebte hier mit seinen Großeltern von 1935 bis Ende 1937

die dem Enkel so auffielen, daß er später seine literarischen Zentralgestalten damit ausstaffieren wird, auch die oft zitierte Leinenkappe des Großvaters gehört dazu, dürften, neben einigen Büchern, die ganze Herrlichkeit gewesen sein, denn in Henndorf fehlte es selbst an Hosen, «die mageren Beine eines armen Dichters zu bedecken»[111], wie Freumbichler in einem Bittbrief schreibt.

Das Leben von Johannes Freumbichler und seiner Lebensgefährtin Anna Bernhard war von Anfang an von Armut und Unsicherheit bestimmt. Aus Wien, wo die Familie nach dem häufigen Orts- und Wohnungswechsel der vorangegangenen Wanderjahre die letzten zwei Jahrzehnte verbracht hatte, gab es Anfang 1935 nicht mehr mitzunehmen, als man auf einem Handwagen von dem baufälligen Haus in der Ortsmitte von Seekirchen ins kleine hölzerne Zuhaus des Bräuhauses, Wimm 29, ziehen konnte. Nach der Unterbringung in der Bahnhofswirtschaft von Seekirchen und nach der verkommenen Wohnung im Ort war das bereits wieder die dritte gemietete Unterkunft. Hier, im idyllischen Holzhaus auf der Bräuhaushöhe, blieb das Kind dann von Juni 1935 bis Ende 1937 bei seinen Großeltern. Mobiliar war keines da, ihre Möbel waren *niemals etwas anderes* gewesen *als billige Zuckerkisten*, die sich die Großmutter vom nächsten Krämerladen schenken ließ. Die anderen Habseligkeiten des Schriftstellers, Bücher, Schreibmaschine, Schuhe, Anzug oder Mantel, waren in Wien oft genug im Leihhaus gewesen. Mit dem, was man hatte, war vor den ansässigen Bauern kein Staat zu machen. Daß sich die Frau des Schriftstellers mit niedrigsten Arbeiten bei den Bauern verdingen mußte, sagte alles. Die Verachtung, die man den nicht Seßhaften und Besitzlosen entgegenbringt, ist dem Enkel nicht entgangen. Selber zum erfolgreichen Schriftsteller avanciert, wird Thomas Bernhard die Welt der verachteten Künstler, der Schauspieler, Schausteller und Zirkuskünstler, ins Zentrum einiger seiner Werke rücken und im Bild der Zirkuskünstler die schwierige Existenz der vom Großvater beherrschten eigenen Familie deuten.[112] Der besitzlose Großvater, der Künstler und Prinzipal der Familientruppe, die *keine Zuschauer hatte* und der jeder Erfolg versagt blieb, wird erst in den Büchern von Thomas Bernhard eine größere Anerkennung finden. Als Schriftsteller wird der Enkel den gescheiterten Großvater, der sein Erbe in Henndorf ausgeschlagen hatte und um der Kunst willen ins soziale Elend gegangen und letztlich immer erfolglos geblieben war, auf dem Terrain der Literatur rächen.

Auch wenn vieles in der Lebensgeschichte der Großeltern anders verlaufen ist, als es Thomas Bernhard in seinen autobiographischen Erzählungen beschrieben hat, allein schon die dokumentierbaren Fakten ergeben ein soziales und existentielles Künstler-Drama, das den Enkel nie zu beschäftigen aufhören wird.

Johannes Freumbichler, 1881 in Henndorf geboren, wo seine Eltern einen Handel mit Landesprodukten betrieben, besuchte in Salzburg die Realschule. Während seines Salzburg-Aufenthalts nimmt sich sein Bruder Rudolf (1874–1902) das Leben. Er hat es, wie Johannes, ebenfalls nicht in der dörflichen Greißlerei ausgehalten und ist nach Wien gegangen, wo schon die ältere Schwester, mit einem Kunstmaler verheiratet, lebte. Verzweifelt getöntes Freiheitspathos und romantisches Sozialrebellentum sprechen aus den Briefen dieses Bruders, der Jäger werden wollte, aber nirgends gebraucht wurde. «Lieber Bruder, gehen wir in die böhmischen Wälder, – nein gehen wir nach Italien dort ist es warm, in die Berge, wenn Du frei sein willst. – Frei bis zum Tod.»[113]

Johannes Freumbichler, poetisch gestimmt und depressiv veranlagt wie sein Bruder, zeitlebens wird er mit Selbstmordgedanken umgehen und seine Nächsten damit in Angst versetzen, verband sich Weihnachten 1903 mit Anna Bernhard (1878–1965), geborene Schönberg, legitimierte Pichler, die bereit war, die für sie unerträgliche Ehe mit einem gewissen Karl Bernhard, mit dem sie zwei Kinder hatte, zu verlassen. Bedingungslos, ohne die Kinder mitnehmen zu können, schloß sie sich dem jungen Technik-Studenten Johannes Freumbichler an. Im Jänner 1904 brach er nach Basel auf, sie kam nach. Unter den widrigsten sozialen Umständen entschied er sich, seiner dichterischen Bestimmung zu leben, ging nur mehr kürzere Arbeitsverhältnisse ein, die Hauptlast bei der Sicherung der Lebensgrundlage fiel auf Anna Bernhard und lange noch auf Freumbichlers Mutter, die mit Lebensmittelpaketen und Geldsendungen aus

Henndorf aushalf. Ein unstetes, entbehrungsreiches Wanderleben hatte begonnen: Basel, Meran, München, Bozen, dann wieder als letzte Rettung das heimatliche Henndorf und Salzburg. Oft war die Familie getrennt, auch in Wien noch, wenn Anna Bernhard als Haushälterin oder Pflegerin auswärts arbeitete oder Johannes Freumbichler zum Schreiben eine andere Umgebung brauchte. Seit Herbst 1913 lebte die Familie in Wien, von 1916 bis 1935 in der Wernhardtstraße 6 im 16. Bezirk, auch dort ständig am Rande des Existenzminimums und des endgültigen Scheiterns: «[...] trotz tiefster Armut, Entmutigung, der abscheulichen Lage meiner Familie, die mir das Herz jeden Tag, ja jede Stunde zerreißt», schreibt Johannes Freumbichler 1927 an seine Lebensgefährtin, «trotz völlig geschwächten Körpers, trotz ständiger Hilflosigkeit und Verzagtheit» gibt es nichts anderes, als die Mißerfolge wegzustecken und sich von neuem ans Schreiben zu machen.[114] Ein Werk, beinahe so umfangreich wie das von Thomas Mann, entsteht. Aber kaum ein anderes literarisches Werk dürfte über Jahrzehnte hin so erfolglos und resonanzlos geblieben sein wie das von Johannes Freumbichler. Eine Erfahrung, die den Enkel Thomas Bernhard dazu bringen wird, von sich reden zu machen, bevor noch von ihm selber Bücher vorliegen, und später den Erfolg und die Resonanz seiner Bücher und Dramen mit «Skandal-Kunstwerken» zu steigern.

Anna Bernhard und Johannes Freumbichler hatten drei Kinder. Herta Bernhard, 1904 in Basel zur Welt gekommen, trug noch den Namen Bernhard aus der früheren Ehe der Mutter, die damals noch nicht geschieden war. Das zweite Kind starb bald nach der Geburt. Das dritte, Rudolf Pichler, Farald genannt, wurde 1907 in München geboren. Herta Bernhard, die Mutter Thomas Bernhards, war nicht, wie das der Vater mit seinem «Kunstwillen» vorhatte, eine große Balletteuse der Wiener Hofoper geworden, sondern schon in jungen Jahren eine Haushaltsgehilfin. Der Sohn Farald wurde Handwerker und schloß sich der Kommunistischen Partei an, ein unkonventioneller, erfinderischer Mensch, zu dem sich der Neffe, Thomas Bernhard, stets hingezogen fühlen wird.

Die nächsten Familienmitglieder des Schriftstellers, der immer das «Höchste im Auge» hatte, rieben sich in den niedrigsten Arbeiten für seinen Lebensunterhalt auf. «Herta weiß, was ich von ihr jeden Ersten erwarte, ohne Ausnahme»[115], schreibt Freumbichler, der sich selber unermüdlich mit seiner schriftstellerischen Arbeit abplagt, ohne daß sich ein Erfolg einstellt, im April 1927 an seine Frau. Ein Jahr vorher heißt es in einem Brief: «[...] was ich anstrebe, muß geschehen, oder das Dasein hat für mich keinerlei Wert. Dazu brauche ich eure restlose, bedingungslose Hilfe, und Aufopferung.»[116]

Einige Ausschnitte aus Briefen Anna Bernhards und Johannes Freumbichlers aus der zweiten Hälfte der zwanziger Jahre können einen Einblick geben in diesen Kampf um das künstlerische Überleben und einen

Eindruck vermitteln, wie stark im Werk Thomas Bernhards der sprachliche und motivische Nachhall dieser ungewöhnlichen Familie ist.

Anna Bernhard läßt sich von der erniedrigenden Mittellosigkeit nicht kleinkriegen, das literarische Werk ihres Mannes wird für sie zum einzigen Reichtum, zur Religion. Ihre kaum noch entdeckten Möglichkeiten und ihr ganzes Leben opfert sie bereitwillig dem Künstler. Er klagt über sein «schmutziges (buchstäbliches!) Dasein» und sieht das eigene Scheitern «in den Sternen» beschlossen, ist bereit, sein «Leben wegzuwerfen». «Mein Herz scheint schon jetzt tot zu sein, von zu viel Denken durchbohrt, scheint es nichts mehr zu empfinden.»[117] Und sie schreibt ihm aus ihrer Haushälterinnenstellung wie eine Fürstin zurück, die, groß denkend von ihrem Mann, seine Depressionen zum barocken Drama des Menschen erhöht, der zwischen Gott und den Teufel gestellt ist: «Ach, daß es mir gelänge Dich aus dem Labyrinth der Melancholie und Trostlosigkeit heraus zu führen. Höre doch die Stimmen Deiner göttlichen Kräfte. Du ringst mit Gott und dem Teufel. Lasse Dich nicht erniedrigen. Du bist da, um eine große Aufgabe zu vollbringen und nun bist Du wegmüde. Ich glaube an Dich und meine Verehrung für Dich erfüllt mich wie eine Religion den Gläubigen.»[118] Grenzenloser Menschenhaß beginnt sich in Johannes Freumbichler breitzumachen, «die abscheuliche Umgebung, die Häßlichkeit dieser Räume und das ganze Hundeelend»[119] bedrücken ihn, das «Gift der Erfolglosigkeit»[120] frißt ihn an, einen Panzer der Gleichgültigkeit muß er sich, einer brutalen Umgebung gegenüber, zulegen. Anna Bernhard nimmt in solchen depressiven Phasen das literarische Werk unter ihren gemeinsamen «Schutz und Schirm». «Unser Kind, das allerdings etwas zu lang ausgefallen ist», nennt sie den letzten Riesenroman mit feiner Ironie, und verspricht, daß sie ihrer beider «tausendmal geflicktes Lebensschiff schon noch ans Ziel bringen» wird.[121]

Der einzige größere literarische Erfolg Johannes Freumbichlers geht auf eine Initiative seiner Lebensgefährtin zurück. Sie hatte, damals in der Nähe des heimatlichen Henndorf in Stellung, das umfangreiche Manuskript der «Philomena Ellenhub» im Herbst 1935 an Carl Zuckmayer geschickt, der in der «Wiesmühl» in Henndorf sein Domizil hatte. Zuckmayer war von dem ungewöhnlichen Roman begeistert, einem Bauernroman, der sich nicht mit der Blut-und-Boden-Ideologie gemein machte. Seine Frau Alice redigierte das Manuskript, Ende 1936 erschien der Roman im angesehenen österreichischen Zsolnay-Verlag. 1937 wurde Johannes Freumbichler dafür der Österreichische Staatspreis zuerkannt. Diese erste öffentliche Anerkennung machte der wenig später erfolgte «Anschluß» Österreichs zunichte. Dank des finanziellen Erfolges war es ihnen nach 35 Jahren gemeinsamen Lebens unter unvorstellbar schwierigen Verhältnissen endlich möglich, die «illegitime» Beziehung standesamtlich zu legalisieren.

Anna Bernhard war trotz ihrer Kunstreligion nicht naiv, sie wußte, was

Thomas Bernhards
Großmutter
Anna Bernhard

ihr als «Künstlerfrau» abverlangt wurde und welchen Preis sie für ihr Leben mit einem *Geistesmenschen*, wie Bernhard schreiben würde, zu zahlen hat: «Eine Künstlerfrau muß ebenfalls ein Genie sein, und ein Dutzend Frauen in sich vereinigen können», schreibt sie einmal. «Man muß es verbergen können, wenn man zärtlichkeitsbedürftig zu ihm kommt und er sich mit einer Mauer von Kälte umgibt. Es tut weh, man kommt sich hilflos vor, nichts bedeutend. Der Künstler liebt nur seine Kunst und die macht ihn zum Egoisten. Zum edlen Egoisten. Er vergißt, was um ihn und man geht hinterher, aber er duldet kein Mitsichgehen. Er ist die Beute seiner Stimmungen und immer gespannt, verträgt keine Fessel auch nicht die zarteste. Man muß ihn tun und machen lassen was er will ohne nach Gründen zu fragen. Nichts erwarten, alles geben, still sitzen, wenn er seinen Stimmungen verfallen, und eingehen auf seine hellen Stunden. Höchstes Gebot, ihn mit all dem von Herzen lieben und sich selbst ausschalten. Ändern tut er sich nicht.»[122]

Thomas Bernhard hat stets betont, daß er unter der Obhut Anna Bernhards und vor allem Johannes Freumbichlers aufgewachsen ist. Das bedeutet aber nicht, daß er auch immer bei ihnen gewohnt hätte. Von Jänner 1938 an lebte er in der Familie seiner Mutter und seines Vormunds, des Friseurgehilfen Emil Fabjan, der im bayrischen Traunstein Arbeit gefunden hatte. Nachdem in dieser Ehe Kinder geboren wurden – Peter 1938 und Susanne 1940 –, wurde die Zuständigkeit der Großeltern für den «illegitimen» Sohn eher stärker. An entscheidenden Lebensstationen sehen wir sie eingreifen, die Großmutter, die den Enkel aus dem bombardierten Salzburg nach Traunstein zurückholt, den Großvater, der die Bildungsentscheidungen für den Enkel trifft, der sich seinerseits vor allem ihnen verantwortlich fühlt. Ab Herbst 1946 lebten die Großeltern im Haushalt ihrer Tochter, die mit ihrem Mann Emil Fabjan und den Kindern Thomas Bernhard, Peter und Susanne Fabjan nach Salzburg in eine kleine Zweizimmerwohnung in der Radetzkystraße 10 gezogen war.

Bis zu seinem Tod hat sich Thomas Bernhard mit diesen Gestalten, vor allem mit dem Großvater, literarisch auseinandergesetzt. In den Figurenkonstellationen seiner Werke werden wir sie immer wieder erkennen, den einsamen Geistesmenschen und die unterdrückte Frau, den von lebenslänglichen Studien, künstlerischen oder wissenschaftlichen Ideen Besessenen und seine Opfer. Den Großvater hat Thomas Bernhard in den autobiographischen Erzählungen als das große Ideal-Ich seiner Kindheit dargestellt. Er besetzte die leergebliebene Vaterstelle. In der Familie Bernhard-Fabjan war er die unbedingte Autorität, der Herr des Worts, dem sich auch die Mutter Thomas Bernhards bedingungslos beugte. Früh schon wurde das Kind von seinem Großvater auf eine künstlerische Laufbahn vorbereitet, und es scheint, als hätte der alte, erfolglose Schriftsteller all das auf den Enkel projiziert, was ihm selber versagt geblieben war. Wie in einem klassischen Bildungsroman imaginiert er den Enkel in verschiedenen künstlerischen Berufen, als Schauspieler, Schriftsteller, Maler, Musiker und, nach dem Scheitern der schulischen Hoffnungen, im Kaufmannsberuf. Mit größter Aufmerksamkeit verfolgte der Großvater jedes Anzeichen künstlerischer Begabung beim Enkel, freut sich über den schreibbesessenen Fünfjährigen. Seine «größte Leidenschaft zuhause ist schreiben», berichtet er nach Wien. Und erst sein Talent als Theatermacher! Das «Zeugs zu einem Schauspieler» hätte er «in sich». «Am Vorabend hat er uns eine papierene Krone auf dem Kopf und eine Schleppe nach hinten, ein richtiges Theater vorgemacht, was er sehr gerne tut.» Er findet, der Enkel sei «von einer geistigen Beweglichkeit», die einen «in Erstaunen versetzt». «Man könnte wohl mit wenig Mittel etwas Besonderes aus ihm machen.» Auch sein musikalisches Talent fällt dem Großvater auf. Wenn er «etwas verdienen» wird, verspricht der Großvater, «so ist das Erste, was ich kaufe, eine Geige. Wenn man jetzt anfängt, kann er mit zwanzig Jahren Künstler sein.»[123] Unter den schwierigsten Umständen wird dann Geigenunterricht genommen, Zeichenstunden werden dem Knaben erteilt, eine riesige Staffelei wird angeschafft. Später, nach dem Krieg, die Familie ist seit Herbst 1946 wieder in

Salzburg, unterstützt der Großvater den Enkel weiter in seinen musikalischen Ambitionen. Neben der Kaufmannslehre wird in Salzburg bei der Gesangslehrerin Maria Keldorfer und dem Musikkritiker Theodor W. Werner mit Gesangsunterricht und Theoriestunden die Sängerlaufbahn vorbereitet.

Aber wenigstens in Kindheit und Jugend Thomas Bernhards durchkreuzt die Ungunst der Verhältnisse die künstlerischen Bildungsvorhaben des unzeitgemäßen Großvaters. Johannes Freumbichler hat nicht mehr den «Ruhm» des Enkels erlebt, eine der «Sternstunden» der deutschen Literatur, wie keine Geringere als Ingeborg Bachmann geschrieben hat.[124] Noch in den letzten Gesprächen zwischen Großvater und Enkel im Februar 1949 im Salzburger Landeskrankenhaus, wohin ihm der Enkel, selber lebensgefährlich erkrankt, nachfolgte, war zwischen ihnen von Kunstdingen die Rede – wie nach dem Krankenhausaufenthalt die musikalische und literarische Bildung weiterzuverfolgen sei, was schon jetzt im Krankenzimmer an musikalischen Studien fortgeführt werden könne, welche Bücher und Partituren demnächst anzuschaffen wären.[125]

Mit dem Tod des Großvaters am 11. Februar 1949 datiert Thomas Bernhard in den autobiographischen Erzählungen das Ende seiner *ersten Existenz*. Der Großvater habe das *Fundament* gelegt, auf dem *die Zukunft aufgebaut werden konnte*. Auch wenn vieles dagegen spricht, daß der Großvater sein Enkelkind ganz dem *Erziehungseinfluß* der Mutter und des Vormunds entzogen habe,[126] erscheint die *zweite* Existenz Bernhards doch in vielen wesentlichen Zügen als Nachfolge des Großvaters. Ob angenommen oder verweigert, bewußt in Szene gesetzt oder unbewußt gelebt, die Konsequenz dieser Nachfolge wurde dem Enkel je später desto deutlicher. An seinem letzten Abend, am 11. Februar 1989, hat Thomas Bernhard im Sterben noch festgestellt, daß das *eigentlich* der Sterbetag seines Großvaters sei. «Ein Zufall, mehr nicht» (Peter Fabjan). Begonnen hatten diese «Zufälle», als *der Enkel seinem Großvater selbst in die Krankheit* nachfolgte. Das war genau vierzig Jahre vor Bernhards Tod. *Es war die logische Konsequenz*, heißt es in *Der Atem*, *ihm selbst in das Krankenhaus nachzufolgen*.[127] Der Großvater hat es nicht mehr lebend verlassen. Er war auf einmal nicht mehr am Krankenbett des Enkels erschienen, obwohl man für den achtzehnten Geburtstag, den 9. Februar, nachdem der Enkel das Ärgste hinter sich hatte, *den ersten Gehversuch* vereinbart hatte. Und der Großvater hätte doch *beim Aufstehen* und den *ersten Schritten behilflich* sein wollen.[128] Den Tod des Großvaters habe er aus der Zeitung, aus einem «Nachruf» auf den Schriftsteller Johannes Freumbichler, erfahren, da die Familie den schwerkranken Jungen nicht zusätzlich belasten wollte.

Der Enkel, dem früher ein Leben ohne Großvater unvorstellbar erschienen war, fühlt sich nun plötzlich durch dessen Tod im Februar 1949

JOHANNES FREUMBICHLER
HEIMATDICHTER
GEB.22.10.1881 ZU HENNDORF
GEST.11.2.1949 IN SALZBURG

«An eines Dichters Grab» heißt eine der ersten Veröffentlichungen Thomas Bernhards aus dem Sommer 1950. Gemeint ist das Grab seines Großvaters auf dem Maxglaner Friedhof in Salzburg

in einem geradezu *lebensrettenden Sinne* befreit.[129] Allein auf sich gestellt, mit nichts mehr versehen außer der *Möglichkeit, Gedichte zu schreiben* [130], kann er das literarische Erbe des Großvaters antreten. Nunmehr auf die Mutter verwiesen, wird es dem Sohn jetzt erst möglich, sie im Gedenken an den Verstorbenen auf neue Weise kennenzulernen und ihrer beider Gemeinsamkeiten zu verstehen. Sie spricht davon, daß ihr eigenes Leben mit dem ihres Vaters *auf so merkwürdig h ö r i g e Weise* verbunden gewesen war und wie mit seinem Tod ihr Leben seinen Sinn verloren habe. Ganz ruhig soll sie gesagt haben, daß mit *dem Leben ihres Vaters [...] auch ihr Leben zu Ende* sei.[131] Diese Stelle in den autobiographischen Erzählungen gewinnt an Glaubwürdigkeit durch einen bewegenden Brief der Mutter Thomas Bernhards, den sie mehr als zwanzig Jahre vor dem Tod des Großvaters geschrieben hatte. Er soll hier zitiert werden, weil er begreifen hilft, wie sich Mutter und Sohn in der Konstellation mit dem Großvater verfehlt haben und wie wenig der Autor an das Geheimnis dieser viel zu früh verstorbenen Frau rühren konnte. «Sonntag, und ich bin allein, verspüre die Lust, Dir etwas recht Liebes zu schreiben», wendet sich Herta Bernhard an ihren Vater Johannes Freumbichler, «doch wenn Du traurig [bist], bin auch ich es. Mir kam es eben so vor, als wären wir zusammen ein einziger Mensch, der leben oder zugrunde gehen muß.»[132] Herta Bernhard ist eineinhalb Jahre nach dem Tod ihres Vaters an Krebs gestorben. Auch ihren Tod hat Thomas Bernhard aus der Zeitung erfahren müssen.

Die *zweite Existenz* Thomas Bernhards beginnt als literarische Nachfolge. Vom Großvater hat er die *Schreibmaschine* geerbt und, neben einigen Kleidungsstücken, *seine sogenannte Wandertasche*, in welcher der Schriftsteller Bleistift und Notizbuch auf seinen ausgedehnten Spaziergängen mitnahm.[133] Thomas Bernhards Schriftstellerdasein und seine dichterischen Wanderjahre konnten ihren Anfang nehmen. Sie führten zunächst, nach der Entlassung aus dem Krankenhaus im März 1949 und einer kurzen Zwischenstation in der Radetzkystraße in Salzburg, wo das *Großvaterzimmer* nun für ihn bereitstand, bis Juli ins Sanatorium nach Großgmain, wo er *plötzlich* und für sein *weiteres Leben entscheidend [...] erst auf das Lesen gekommen war*[134]. In der Lungenheilanstalt Grafenhof liest der Patient dann Verlaine, Trakl, Baudelaire; noch einmal zeichnet sich in den Gesprächen mit Rudolf Brändle, einem musikalisch hochgebildeten Mitpatienten, und durch die wiederaufgenommene Gesangsausbildung die Möglichkeit einer Musikerlaufbahn ab.

Aber das große Erlebnis dieser Zeit ist die Lektüre von Dostojewskis «Die Dämonen». Nicht mehr oft habe im *späteren Leben* auf ihn *Dichtung eine so ungeheure Wirkung gehabt*, und von dieser *wilden u n d großen Dichtung getroffen*, versucht er, seine Eindrücke festzuhalten, das

Der Schriftsteller Thomas Bernhard an der Schreibmaschine seines Großvaters, Obernathal 1966

In der Grafenhofer Zeit,
Oktober 1950:
Thomas Bernhard (links) und
sein «Kapellmeisterfreund»
Rudolf Brändle, ein «Vorbild»
für ihn, «der Künstler,
der Weiterwollende»
(«Die Kälte», S. 88)

Ungeheure auf Zetteln zu bannen und vor dem Vergessen zu bewahren. Die literarische Methodik, auf das großväterliche System gestützt, der *sein ganzes Leben lang* zu seiner Lektüre Notizen gemacht hatte, wird praktisch entwickelt, ein Archiv für die eigene dichterische Arbeit entsteht.[135] In der Prosa der sechziger Jahre, in *Frost*, *Amras*, *Verstörung*, ist der Rückgriff auf die Zettelkästen der fünfziger Jahre noch an der Gestalt der Texte abzulesen.

Nach der Rückkehr aus der Lungenheilstätte und dem nicht verwirklichten Plan, an der Hochschule für Musik und Darstellende Kunst in Wien zu studieren, ergibt sich ein erstes schriftstellerisches Engagement, wenn auch nur als Journalist im Salzburger «Demokratischen Volksblatt», einem regionalen Blatt der Sozialistischen Partei Österreichs. Bei der Enthüllung einer Gedenktafel für seinen Großvater Johannes Freumbichler an dessen Henndorfer Elternhaus am 22. Oktober 1951, anläßlich des siebzigsten Geburtstages, habe die Großmutter bei einem sozialdemokratischen Politiker, Josef Kaut, dem späteren Präsidenten der Salzburger Festspiele, diese Arbeitsmöglichkeit für ihren Enkel erwirkt. Mindestens ebensoviel Einfluß dürfte die Empfehlung Carl Zuckmayers gehabt haben, der nach dem Großvater nun den Enkel unter-

Nach der Rückkehr
aus Grafenhof.
Thomas Bernhard in
Henndorf bei Salzburg

stützte.[136] Einer der ersten Artikel Bernhards überhaupt, eine Erinnerung an seinen Großvater Johannes Freumbichler unter dem Titel *An eines Dichters Grab*, war schon am 12. Juli 1950 im «Salzburger Volksblatt» abgedruckt worden. Der Artikel war unter dem Pseudonym Niklas van Heerlen erschienen, so daß die Bernhard-Forschung den Text nicht auffinden konnte und ihn sogar als Fiktion abtat.[137]

Thomas Bernhard bewegt sich in seinen ersten Gedichten und Erzählungen am Beginn der fünfziger Jahre noch ganz im literarischen Horizont und in der bäuerlichen Erfahrungswelt seines Großvaters, des künstlerischen Ideals seiner Kindheit, nur daß die Heimat noch gesünder, fester und unangegriffener als bei Freumbichler dasteht, eine einzige Verdrängungslandschaft im Schulfibelstil: *Henndorf im Salzburgischen ist der abgeschiedene Ort meiner Väter und Mütter*, heißt es in *Die Landschaft der Mutter*. Das Haus des Großvaters nennt er das *Haus der Bauerngenerationen. Die Zeit und die Kriege hat es fest überdauert. Daraus hervor gingen Bauern, Handwerker, Dichter und Maler; lauter tapfere Menschen, die i h r e n Acker bebauten. Sie hatten alle ein rechtes Herz und ein frohes Gemüt, den nötigen Ernst, zwei kräftige Hände und einen guten frischen Verstand.*[138]

Das Haus des Großvaters in Henndorf unterhalb des Friedhofs, auf dem Thomas Bernhards Mutter begraben liegt

Wenn Bernhard fünf Jahre später in den «Wiener Bücherbriefen» wieder über Freumbichler schreibt, *Der Dichter aus Henndorf* (1957), dann wird er mit der ihm von nun an eigenen unversöhnlichen Sprache dem *Dichter und Beschwörer* der Landschaft des Flachgaus und dem *Dichter der Verzweiflung* viel eher gerecht: *Freumbichler war ein außerordentlicher Mensch, rücksichtslos in seiner Zuwendung zur Welt und in seinem Haß gegen die Niederträchtigkeit der Menschen. Er war auch ein außer-*

ordentlicher Schriftsteller, zuletzt ein Dichter, ein geschlagener Geist, den zeitlebens die Melancholie und der unabänderliche Frost des Österreichertums begleiteten.[139] Seit Mitte der fünfziger Jahre, in der Zeit des Studiums am Mozarteum, lautete Thomas Bernhards Wohnadresse in Salzburg: Johannes Freumbichler Weg 26.

Bernhard avancierte in der zweiten Hälfte der fünfziger Jahre mit seinen Gedichten zum «Henndorfer Villon» und tritt unter diesem Titel als blasphemischer Störer der Dorfordnung, die auf Kirche und Geschäft beruht, mit mehr Recht die Nachfolge des Großvaters an als in den vorangegangenen Henndorfer Idyllen. Wenn bei ihm längst nicht mehr von Henndorf die Rede ist und der Autor in einer modernen Erzählprosa seine unverwechselbare Sprache gefunden hat, dann ist eben in der charakteristischen monologischen Stimme seiner Zentralgestalten der Großvater, die Leitgestalt seiner eigenen Künstlerschaft, durchzuhören. Etwas Einzelgängerisches und Unzeitgemäßes wird diesen literarischen Gestalten anhaften, den monologischen Duktus ihrer Sprache prägen und mimetisch das Sprechen alter, verlorener Menschen vergegenwärtigen. Spricht Bernhard von seinem Großvater, fallen ihm vor allem die gemeinsamen Spaziergänge ein. Und eben die Verbindung von Gehen und Sprechen, Gehen und Denken wird Bernhard in seinen Büchern thematisieren, Rhythmus und Form der Monologe scheinen davon bestimmt, der Spazierstock begleitet gestikulierend die Geh- und Sprechbewegung, als würden die langen, vom Autor als entscheidend erachteten Spaziergänge mit dem Großvater seiner eigenen literarischen Sprache anverwandelt. Was für das Kind unverständlich sein mußte bei diesem Gehen und Sprechen und Gehen und Schweigen des Großvaters, kehrt wieder in der Aura des Unverständlichen, Weihevollen, wenn von Büchern die Rede ist, als wären es heilige Texte.[140] Im wesentlichen sind es ja die Bücher aus der Bibliothek des Großvaters, die in den Texten des Enkels später zelebriert werden, immer wieder Montaigne, Schopenhauer, Pascal, Novalis.

Aber nicht nur Szenen und biographische Muster in den Büchern Thomas Bernhards lesen sich wie Erinnerungsbilder an den Großvater, bisweilen nimmt sich der sprachliche Ausdruck wie eine Reprise von Stellen aus den Aufzeichnungen und Briefen Johannes Freumbichlers aus. Die bei Bernhard obsessiv verwendete Kopf-Metapher stammt nicht nur aus Bernhards Begeisterung für «Monsieur Teste» von Paul Valéry, sondern sie begegnet auch schon in Freumbichlers Romanen. Manche Tagebucheintragungen des schreibenden Großvaters könnten in den Monologen der Bernhardschen *Geistesmenschen* vorkommen: die «ganze geistige Existenz in Neuordnung bringen», heißt es bei Freumbichler, «nur mit Fanatismus etwas ausrichten» können, «sich mit einem Panzer von Rohheit umgeben» – «Kein Lärm, kein Staub, keine Ungeziefer, keine Menschen.»[141]

Die Poetik des Tragikomischen in Bernhards späteren Künstlerdramen liegt nicht zuletzt in der immer bewußteren, spielerisch-komödiantischen Inszenierung jener bildenden und prägenden «Vaterersatzbilder höherer und geistiger Art»[142], deren Urbild der Künstler-Großvater war. Ohne romantische Verklärung, mit dem unbestechlichen Blick für das Wahnhafte, Despotische und menschlich Destruktive hat Bernhard diese lebenslange literarische Auseinandersetzung mit dem Künstlertum seines Großvaters – und mit seinem eigenen – geführt.

Eine vielgelesene Kritik der Patriarchen im Werk Bernhards und des Autors als Patriarch, die Dissertation von Ria Endres, trägt den Titel «Am Ende angekommen. Dargestellt am wahnhaften Dunkel der Männerporträts des Thomas Bernhard». So beeindruckend diese Bestandsaufnahme der charakteristischen Männerporträts im Werk Bernhards auch ist, es geht dabei die Differenz des Literarischen verloren. Denn das biographische Ich des Autors war nicht einfach mit den frauenfeindlichen Figuren in seinem Werk identisch, und in seiner literarischen Auseinandersetzung mit dem «wahnhaften Dunkel der Männerporträts» war er noch nicht am «Ende angekommen».[143] *Ein nützlicher Umgang*, sagte Thomas Bernhard 1986 in einem Gespräch mit Asta Scheib, *war für mich nur der Umgang mit Frauen. Gelernt habe ich alles auch nur von Frauen – nach meinem Großvater.*[144] Man wird am besten auch diesen antipatriarchalischen Sätzen nicht ganz trauen und dem Autor ein gutes Stück an biographisch grundiertem Frauenhaß lassen müssen. Tatsache ist, daß es vor allem ältere Frauen waren, bei denen Bernhard nach seinem Großvater gelernt hat. Schon kurz nach dem Tod von Johannes Freumbichler war das bis in die achtziger Jahre die bedeutend ältere Hedwig Stavianicek, sein «Lebensmensch», die für ihn entscheidende Frauenbeziehung, seit Ende der sechziger Jahre Grete Hufnagl und später Gerda Maleta. Seit den späten fünfziger Jahren bestand auch die Freundschaft mit Ingrid Bülau und Anne-Marie Hammerstein-Siller. Daß keine dieser Frauen es mit dem Lehrling in Lebensdingen sehr leicht gehabt haben dürfte, ist anzunehmen, und die Erinnerungsliteratur, die nach Bernhards Tod erschienen ist, widerspricht dieser Annahme keineswegs.

Das Handwerk des Lebens und des Schreibens
Die Lehrzeit in den fünfziger Jahren

Liest man Bernhards Gedichte und Prosatexte aus den frühen fünfziger Jahren, Idyllen einer heilen Welt im Salzburger Land wie *Mein Weltenstück, Pfarrgarten in Henndorf, Friedhof in Seekirchen* oder *Die Landschaft meiner Mutter*[145], begreift man, welch entscheidende künstlerische Wendung Bernhard im Verlauf dieses Jahrzehnts vollzogen hat. Er hatte beim Großvater, dem *Beschwörer der Landschaft des Flachgaus*[146], mit seinem Schreiben begonnen. Wem sonst hätte sich der Zwanzigjährige mit seiner fragmentarischen Bildung auch anschließen können als seinem unmittelbaren Vorbild, dem Salzburger Heimatdichter Johannes Freumbichler? Nicht einmal seine Pflichtschulzeit war kontinuierlich verlaufen, und mit sechzehn, siebzehn Jahren brachte er entscheidende Bildungsjahre nicht im Club der toten Dichter zu, sondern als Lehrling in einem Lebensmittelgeschäft.

Eine Welt liegt zwischen den begabten Reimereien des sonnigen Henndorfer *Weltenstücks* (1952) und den wenige Jahre später verfaßten Gedichten. Eine einzige *Biographie des Schmerzes*, so der Titel eines Gedichts im Band *Auf der Erde und in der Hölle* (1957), wird dann an seiner Lyrik abzulesen sein.[147] Blickt man vom späteren Werk zurück auf das verklärte Stück Welt im frühen Gedicht, entdeckt man hier bereits charakteristische Motive: die Szene am Fenster, die tausendfache Wiederholung, das alte Haus, die Vergänglichkeit, die Leiden eines alten Mannes. Bald wird das Leid, das jetzt noch keine Stimme hat, aus dem *Keller* heraufgeholt und die Welt verfinstern. Der Strick, der die idyllische Aussicht durchschneidet, wird dann seine harmlose Bedeutung verlieren.

Daß Bernhard nicht in seinen vormodernen literarischen Anfängen steckenblieb, beim Lob des Bauerntums und den Ressentiments gegen die Großstadt, dazu trugen ein *großer, unbeschreiblicher Hunger* nach dem Krieg[148], der unbändige künstlerische Ehrgeiz, die rasche Auffassungsgabe und eine unstillbare Unruhe bei, die sich am ständigen Wechsel zwischen verschiedenen Städten und Orten ablesen läßt. Salzburg und Wien, später Wien und das kärntnerische Maria Saal sind die wichtigsten Stationen seiner Existenz und künstlerischen Laufbahn. Erste Reisen in den Süden, nach Italien und Jugoslawien, werden unternommen, neue

Mein Weltenstück

Von Thomas Bernhard

Vieltausendmal derselbe Blick
Durchs Fenster in mein Weltenstück.
Ein Apfelbaum im blassen Grün
Und drüber tausendfaches Blühn,
So an den Himmel angelehnt.
Ein Wolkenband, weit ausgedehnt ...
Der Kinder Nachmittagsgeschrei,
Als ob die Welt nur Kindheit sei;
Ein Wagen fährt, ein Alter steht
Und wartet, bis sein Tag vergeht,
Leicht aus dem Schornstein auf dem Dach
Schwebt unser Rauch den Wolken nach ...
Ein Vogel singt, und zwei und drei,
Ein Schmetterling fliegt rasch vorbei,
Die Hühner fressen, Hähne krähn,
Ja lauter fremde Menschen gehn
Im Sonnenschein, jahrein, jahraus
Vorbei an unserm alten Haus.
Die Wäsche flattert auf dem Strick
Und drüber träumt ein Mensch vom Glück,
Im Keller weint ein armer Mann,
Weil er kein Lied mehr singen kann ...
So ist es ungefähr bei Tag,
Und jeder neue Glockenschlag
Bringt tausendmal denselben Blick,
Durchs Fenster in mein Weltenstück ...

Bernhards Gedicht im «Münchner Merkur» vom 22. April 1952 wird oft unrichtigerweise als «erste literarische Veröffentlichung» bezeichnet (© Suhrkamp Verlag)

Eindrücke nach der Tristesse der Kriegs- und Nachkriegskindheit, am Ende des Jahrzehnts Reisen nach England und Sizilien. Für eine Bibliothekarstätigkeit in London, die öfter in Bernhards Kurzbiographien auftaucht, lassen sich zwar keine realen Anhaltspunkte finden, zumal Bernhard des Englischen kaum mächtig war. Aber in eine abgerundete fiktive Künstlerbiographie, und Bernhard war ein Meister solcher Fiktionen, paßt die Londoner Bibliothek am Ende der fünfziger Jahre genauso wie das angebliche Studium an der Wiener Hochschule für Musik und Darstellende Kunst zu deren Beginn.

Nachzuweisen ist jedenfalls die hauptsächlich kulturjournalistisch orientierte Tätigkeit für das sozialistische «Demokratische Volksblatt» in Salzburg von Jänner 1952 bis Dezember 1954 und die sich anschließende gelegentliche Mitarbeit bei der katholischen «Furche» in Wien in den Jahren 1955 und 1956 – eine Herausforderung zur Auseinandersetzung mit der Gegenwartskunst und mit der kulturellen Überlieferung. Bernhard hat später diese Seite seiner journalistischen Arbeit durch den Hinweis auf seine Berichterstattung aus dem Gerichtssaal für das «Demokratische Volksblatt» verdrängt, um damit anzudeuten, wie er auch hier in die Hölle des menschlichen und sozialen Elends geblickt habe, ohne dessen Erfahrung es für Bernhard keine *wilde und große* Dichtung geben kann.[149] Seine Artikel unter der Rubrik «Aus dem Gerichtssaal» sind aber vielmehr dem humoristischen Genre der Lokalzeitung und der entsprechenden «Mordshetz» verpflichtet. Einzelne Berichte zeigen zwar ein tiefes Mitgefühl mit dem Elend der Angeklagten und einen großen Ernst, wenn es um Prozesse gegen Kriegsverbrecher geht, um *die Folgen der nationalsozialistischen Erziehung, die aus blutjungen, ahnungslosen Burschen richtiggehende Todesmaschinen gemacht hat*[150]. Insgesamt aber bleiben die Prozeßberichte konventionell, eher wichtig als Erfahrungshintergrund für den Realismus seiner späteren Anti-Idyllen. Nach annähernd 150 journalistischen Berichten über die verschiedensten Verbrechen in Stadt und Land Salzburg hat die heimatfromme Idylle beim nebenberuflichen Dichter für immer ausgespielt.

Er schreibt in diesen drei Jahren an die 250 Artikel, nicht nur über Dichter und Dichterlesungen, über amerikanische Literatur und Salzburger Literaten, über Mozarts «Zauberflöte» im Marionettentheater und Grabbes «Don Juan und Faust» im Landestheater, er berichtet auch von *Wirtshäusern, Wiesen und Feldern*, vom «Land des Lächelns» im Kino oder der «Spielhölle von Las Vegas», vom Schifahren in Österreich, dem *Moor in Neydharting* oder von Jodkuren gegen den Kropf. Eine journalistische Scherbenwelt, aber immerhin eine Welt, rasch mit dem Wort ergriffen, mehr oder weniger gekonnt in der entsprechenden Form des publizistischen Mediums hingeworfen, und doch nicht zu unterscheiden von anderer journalistischer Dutzendware. Überrascht ein Artikel wie *Friedrich Torbergs «brechtige Kunde»* (29. 8. 1953) durch die mutige Polemik gegen Friedrich Torbergs österreichischen Feldzug gegen Bertolt Brecht,[151] so fällt in anderen Beiträgen eine besondere Traditionsgläubigkeit und Heimatverbundenheit auf. Da findet man *die Geschichte eines grundnatürlichen Lebens, die Welt einfacher, arbeitsamer Menschen in einer schönen Landschaft*, wie überhaupt *Salzburgs Landschaft [...] berufen erscheint, die frohe Armut in hohem Maße zu verkörpern*[152]. Und positiv wie die Landschaft sollte ein Buch sein: *Wir sollten uns hinwenden an das reine, nicht angekränkelte Buch, das problemlos gestaltet ist und doch fähig ist, uns ein klares Weltbild zu erweisen* (21. 11. 1953). Manche Artikel sind so unerträglich positiv, daß einige Literaturwissenschaftler Bernhards spätere Negativität als lebenslange Abrechnung mit seinen Anfängen erklären wollen. Aus dem Kritiker «angekränkelter Bücher» und der tödlichen Großstadt sei mit einer Wendung in die entgegengesetzte Richtung der Schriftsteller der ausweglosen Krankheiten und der krankmachenden Heimat geworden[153]. Übersehen wird dabei, daß die Schreibanfänge Bernhards vom breiten Strom der österreichischen Anti-Moderne getragen wurden und er sich weniger von sich selber als von Karl Heinrich Waggerls «Fröhlicher Armut» und der heiteren Verdrängung der Geschichte im schönen Salzburger Land freischreiben mußte.

Die Ausbildung am Schauspielseminar des Mozarteums in Salzburg von 1955 bis 1957, im Anschluß an die journalistische Phase, diente sicher nicht allein dazu, der drohenden gesellschaftlichen Isolation zu entgehen, wie Bernhard später abwertend behauptete. Der Schauspiel- und Regieunterricht dürfte sein Sensorium für die Stimme, das Sprechen, die ästhetischen Möglichkeiten des szenischen Raums geschärft und seine Kenntnis der dramatischen Literatur erweitert haben. Auch der Titel der Abschlußarbeit, die Bernhard für das Mozarteum verfaßt hat, eine vergleichende Studie zu Artaud und Brecht, weist auf die literarisch-ästhetische Horizonterweiterung dieser künstlerischen Studienjahre und vielleicht auf eine erste, indirekte literarische Selbstbestimmung. Daß Bernhard in seinen Texten über einen reichen Fundus von versierten Theater-Metaphern und szenischen Darstellungsmitteln verfügen konnte, dürfte sich ebenfalls jenen theatralischen Lehrjahren verdanken.[154] Der poetische Blick auf die Welt ist ja in den Romanen und

Theatralische Lehrjahre am Schauspielseminar des Salzburger Mozarteums (1955–1957). Thomas Bernhard in der Rolle des Sprechers in Jean Anouilhs «Antigone»

Thomas Bernhard als Zauberer in einem Märchenstück von Klaus Gmeiner.
Die Rolle des Weltverzauberers wird für Bernhard auch in seinem späteren
literarischen Werk eine große Faszination behalten

Erzählungen oft der Poesie der Theaterwelt geschuldet. Als *Theatermacher* und *Narr* versteht sich schon die Hauptgestalt des ersten Romans *Frost*. Vor einer verschneiten Klamm stehenbleibend, wendet sich der Maler Strauch an den jungen Famulanten: «*Sehen Sie*», sagte er, «*dieser Baum tritt auf und sagt, was zu sagen ich ihm aufgetragen habe, irgendwann aufgetragen habe, einen Vers.*»[155] Ein Landstreicher begegnet im Roman dem Maler, sagt, daß er eigentlich Direktor eines *beweglichen*

Theaters sei, das überall in Aktion treten könne. Er habe sich jetzt aber *der reinen wirklichen Kunst zugewandt [...] wie sie eben das Theater darstelle, eine Kunst, eben ohne Kunststücke, sagen wir: «den König Lear verkörpern».*[156]

In der Zeit der Regie- und Schauspielausbildung führt Bernhard sein Gesangs- und Musikstudium weiter. Damals, in der zweiten Hälfte der fünfziger Jahre, liegt die Sängerlaufbahn noch im Bereich der Möglichkeiten, seine Baßstimme sei *gerade auf dem Höhepunkt ihrer Entwicklung* gewesen. Er nimmt als Chorsänger an Festspielaufführungen teil, singt sogar einmal dem Dirigenten Josef Krips vor – der rät ihm aber, besser *Fleischhauer* als Sänger zu werden.[157]

An der dichterischen Arbeit hält Bernhard in der Zeit der freiberuflichen Journalistentätigkeit und auch während der theatralischen Lehrjahre im Mozarteum fest. Die ab 1957 in rascher Folge erscheinenden Lyrikbände beweisen, daß von nun an das Schreiben den Mittelpunkt seines Selbstverständnisses ausmacht. Bernhard tendiert in der literarischen Arbeit dieser Jahre zu kleinen Formen, Gedichten, Kurzprosa, der hektischen Zeit und dem Zwang zu Gelegenheitsarbeiten für den Lebensunterhalt entsprechend. Kontinuierlich betreibt er auch die Arbeit an einem Netz von hilfreichen literarischen Beziehungen. Die lebenslang währende Freundschaft mit Wieland Schmied, dem Dichter und Vermittler der zeitgenössischen Moderne in Österreich, nahm ihren Anfang, als Bernhard 1954 eines Tages in der Redaktion der Zeitschrift «Der Morgen» auftauchte. Informationen über wichtige Bücher kamen von ihm, denn damals, in den fünfziger Jahren, spielten bei der Rezeption der Literatur der Moderne noch Bücher, die von Hand zu Hand gingen, eine nicht zu vernachlässigende Rolle.[158] In einer *Notiz* aus dem Jahr 1981 erinnert Bernhard an Schriften und Autoren, die für seine Lyrik in den späten fünfziger Jahren maßgeblich waren, *vor allem die Schriften Eliots («The Waste Land»), Pounds, Eluards, sowie César Vallejo und die Spanier Rafael Alberti und Jorge Guillén*[159]. Schon in der Lungenheilstätte am Ende der vierziger Jahre habe er Verlaine, Trakl und Baudelaire gelesen. Die «poètes maudits» haben aber zunächst die vormoderne Gestalt seiner Heimatgedichte nicht verändert.

Die Bekanntschaft mit Gerhard Fritsch, einem heute zu Unrecht vergessenen Dichter und Förderer moderner Literatur und offenerer, freierer Literaturverhältnisse in Österreich, fällt ebenfalls in die Mitte der fünfziger Jahre. Selbst in vielen Zügen seines Schaffens Thomas Bernhard verwandt, wurde er wegen seiner Parteinahme für die surrealistische und avantgardistische Moderne angefeindet und ins Abseits gedrängt, als er die nationalsozialistische Vergangenheit Österreichs zum Zentrum seiner Prosa machte. Als niemand mehr im Salzburger Otto Müller Verlag für die Publikationen von Bernhards Gedichtzyklus *Frost* Anfang der sechziger Jahre eintrat, blieb er der einzige, der für den Gedichtband plä-

Gerhard Fritsch, Barbara Fritsch, Thomas Bernhard, Hedwig Stavianicek, Wieland Schmied, Jahresende 1968

dierte und hellsichtig die einzigartige Begabung Bernhards erkannte. Gerhard Fritsch hat 1969 in Wien Selbstmord begangen.

Diese persönlichen Beziehungen waren in der Nachkriegszeit und in den fünfziger Jahren um so wichtiger, als von staatlicher Seite kaum eine Förderung junger Künstler zu erwarten war. Es gab Initiativen selbstberufener Einzelner, die kulturelle Hausmachtpolitik mit literarischen Interessen zu verbinden wußten. Die «Stimmen der Gegenwart» von Hans Weigel, wo Bernhard 1954 bis 1956 ein paar Texte veröffentlichte,[160] sind hier zu nennen. Der Staat unterstützte vor allem die repräsentative Kunst, eine Art indirekte Fremdenverkehrsförderung und Ausdruck der «großen Tradition» Österreichs, welche die vorangegangenen sieben «deutschen» Jahre bedeutungslos erscheinen lassen sollte. Das Wiener Burgtheater war 1955 nach dem Krieg neu erstanden, der Neubau des Salzburger Festspielhauses wurde 1960 fertiggestellt; ohne Auseinandersetzung mit dem «Anschluß» machte man nach dem Ende des «tausendjährigen Reichs» bei der tausendjährigen österreichischen Kultur weiter.

Thomas Bernhard besaß von Beginn an die geniale Fähigkeit, an d i e Leute zu gelangen, die ihn fördern konnten, die ihm die richtigen Impulse gaben, die maßgeblichen Kontakte vermittelten oder sich sonst als Mäzene erwiesen. Weil Genies aber gerne von niemand abhängen, außer von dem «einen» Vorfahren vom *Heiligen Berg*, zu dem Bernhard seinen Großvater einmal stilisiert hat, hat er sich auch darin als Genie erwiesen, daß er nur den wenigsten seiner Förderer später verbunden blieb, wenn er sie nicht überhaupt herunterspielte oder gar heruntermachte. Das spektakulärste Beispiel für diese Facette seiner Genialität ist die Rache an Gerhard Lampersberg, seinem *einzigen und wirklichen Freund*, dem er *im richtigen Augenblick begegnet* sei, wie Bernhard 1958 in der Widmung von *In hora mortis* feststellte – und den er als Auersberger in *Holzfällen* am tiefsten stürzen ließ. Die Widmung an Lampersberg fehlt dann auch bei der Neuauflage von *In hora mortis* im Jahre 1987. Bernhard war dem Komponisten Lampersberg in der Zeit nach dem Abschluß der Ausbildung am Mozarteum begegnet, im Sommer 1957. Lampersberg bildete in Wien den Mittelpunkt eines Künstlerkreises, eine Art «Wiener Gruppe» im Salonsteireranzug. Man traf sich nicht nur in Wien im «Art Club», sondern lebte und arbeitete auch auf dem Landsitz der Lampersbergs im kärntnerischen Maria Saal, wo man sich im Juli 1960 im adaptierten Heustadel mit moderner Musik, Schauspiel und allerlei erlesener Avantgarde an eine ebenso erlesene Öffentlichkeit wandte. Bernhard steuerte für diese Liebhaberveranstaltung die Kammeroper *Die Köpfe* bei, vertont von Gerhard Lampersberg, und drei Kurzschauspiele, *Rosa*, *Die Erfundene* und *Frühling*.

Bereits im Frühjahr 1958 waren *die rosen der einöde. fünf sätze für ballett, stimmen und orchester* erschienen und in Wien aufgeführt worden, ein avantgardistisches Libretto, das nicht nur langweilig und formal erlesen ist wie sein Titel, auch wenn H. C. Artmann die Wiener Premiere des Stücks zum Anlaß eines Prosa-Ulks nahm, von «Rosen und Einwände[n]» schrieb und den Namen des Verfassers der aristokratischen Sphäre gemäß mit «Thomas Herrenbart» persiflierte.[161] Nicht nur nimmt das *libretto* mit seiner druckgraphischen Präsentation das Erscheinungsbild der späteren Bernhard-Stücke vorweg, es unterwirft *ein Stück zerschundenes und ein Stück erhabenes Leben* zum erstenmal *einigen Regeln und einer klaren Beschränkung*, wie Bernhard damals bemerkte, und erobert sich dadurch etwas, was dem Autor *bis dahin verschlossen war*: ein abstraktes Element in der sprachlichen Form. Inspiriert wurde er dabei durch *die Bekanntschaft mit der Musik* seines *Freundes*, die serielle Kompositionstechnik.[162]

Die serielle Musik trug also dazu bei, daß Bernhard die für ihn charakteristische «serielle Grammatik» entdecken lernte und ein Bewußtsein für die formale Arbeit an seinen Sätzen entwickelte. Dies wird später, in seiner Prosa, als Kunst der indirekten Rede und des verschachtelten Satzbaus bestechen und im Druckbild seiner Stücke visuell an den parallel gesetzten grammatischen Figuren und Strukturmustern zu erkennen

Thomas Bernhard mit Maja und Gerhard Lampersberg auf dem Tonhof
in Maria Saal, Kärnten

sein. Schon bei der Aufführung von Bernhards Kurzoper *Die Köpfe* auf dem Lampersbergschen Tonhof in Maria Saal in Kärnten im Juli 1960 wurde die Entsprechung zwischen der Zwölftonmusik und der «abstrakten, rein intellektuellen dramatischen Ausdrucksform» von Bernhards Opernlibretto konstatiert.[163] In den Dramoletten verschrieb sich Bernhard dem schwarzen Surrealismus. Sarg und Bahre werden auf der Bühne zu zentralen Requisiten und Orten philosophischer und künstlerischer Meditation, die Leiche als Emblem wird in bester barocker und surrealistischer Tradition zum allegorischen Denkbild und Kontrapunkt der Rede.

Frühling – wie die anderen Kurzdramen zwischen 1957 und 1958 entstanden – zeigt eine Sängerin auf dem Sterbebett im Gespräch mit dem Arzt. Nach ihrem Tod wird sie im Sarg von Leichenträgern hinausgetragen. In *Die Totenweiber* wird neben dem auf der Bühne aufgebahrten toten Mädchen ihre Lebensgeschichte erzählt, während in *Die Galgen Der erste Gehängte* und *Der zweite Gehängte* die Hauptrolle spielen.[164]

Die österreichische Spielart des Surrealismus zeigte einen besonderen Hang zur «subtilen morbidität» und zum funebren Arrangement.[165] Gerade in Österreich gab es nach 1945 enge Beziehungen zwischen dem literarischen und künstlerischen Surrealismus, das Werk von Alfred Kubin war damals nicht nur für den Phantastischen Realismus in der bildenden Kunst wichtig geworden. Manche Szenen und Bilder in Bernhards literarischen Texten lesen sich wie literarische Vergegenwärtigungen von Kubin-Bildern, das tote Schwein, das einsame Haus, die zerstückelten Körper, die Galgen und andere ausgefallene Hinrichtungsmaschinerien. In vielen Zügen steht seine Prosa in den sechziger Jahren der Wiener Schule des Phantastischen Realismus näher als der zeitgenössischen Literatur, den Weltallegorien Anton Lehmdens, dem zeremonienhaft Pompösen in den Bildern von Ernst Fuchs, der vielfach variierten Kopf-Metapher in den Bildern Rudolf Hausners.

Während der fast dreijährigen Zusammenarbeit mit Gerhard Lampersberg und seiner Frau Maja lebte Thomas Bernhard immer wieder längere Zeit auf dem Lampersbergschen Tonhof in Maria Saal in Kärnten. Man pflegte dort landaristokratischen Künstleralltag. Bernhard schrieb, dem Ambiente gemäß, ein *Gartenspiel für den Besitzer eines Lusthauses in Kärnten*. Bis sich jeder auf seine Weise vom anderen ausgenutzt fühlte und man, wie es sich für das Leben auf einem echten «Besitz» gehört, um die Besitz- und Aufführungsrechte an den kleinen Kunststükken stritt, die Ende Juli 1960 über die Bühne des adaptierten Tonhof-Stadels gingen.[166] Im Streit ging man auseinander.

Früh schon hatte Thomas Bernhard eine Schwäche fürs Aristokratische. Die Aristokraten üben gewiß allein schon dadurch eine Attraktion aus, «daß sie keine Bürger sind»[167]. Wie hätte die vornehme Welt auf den armen jungen Dichter, der allein auf den Schein der Kunst seine Existenz bauen wollte, nicht eine besondere Anziehungskraft haben müssen? Wer aus einer von acht Personen bewohnten, vollgestellten Zweieinhalbzimmerwohnung kam und durch den schriftstellerischen Ahnherrn, den Großvater, in Geistesaristokratie geschult war, auf den konnten die geräumigen Land- und Stadthäuser der Nobilität ihre Wirkung nicht verfehlen. Verständlich, daß Bernhard später als Regieangabe vor seine Dramen gern *Leerer Raum. Hohe Fenster und Türen* (*Ein Fest für Boris*) schreibt oder *Hochherrschaftlicher Jahrhundertwendesalon / Karg möbliert* (*Elisabeth II.*).

Phasenweise hat Bernhard auch in seiner Poetik aristokratisch-elitäre Vorstellungen hervorgekehrt. Die Verurteilung der gleichmacherischen Masse gehörte sowieso zum Formelschatz der großen Einzelnen in seinem Werk. In der poetischen Selbststilisierung in *Ein junger Schriftsteller*, Mitte der sechziger Jahre verfaßt, ist vom *Hochstand der Finsternis* die

«Schweineschlachtung». Zeichnung von Alfred Kubin

Rede, von dem aus der Schriftsteller alles überschaut, von der Verachtung für seine Zuhörer und von der Niedrigkeit der Durchschnittlichen – *der sogenannte intellektuelle Durchschnittliche in seiner minderwertigen, niedrigen Welt.* Und überhaupt gebe es *zu viel schreibendes Gesindel um ihn.*[168] Daß sich Bernhard andererseits literarisch gegen seine Neigung zur Aristokratie zur Wehr zu setzen verstand, zeigen seine Satiren, zum Beispiel *Elisabeth II.*, wo er die hocharistokratische Gesellschaft mitsamt dem Balkon von Herrensteins Ringstraßenwohnung, dem alten dramatischen Gesetz der Fallhöhe entsprechend, in die Tiefe stürzen läßt.

Seine persönlichen Freunde waren davon sicher nicht betroffen, der Graf Alexander von Üxküll, bei dem Bernhard in Brüssel 1966 an *Verstörung* geschrieben hat, die Gräfin Stolberg, mit der er Anfang der sechziger Jahre nach Heerlen gefahren war, der Graf Clam, die Altenburgs, die Baronin Teufl, die O'Donnels in Hochkreut, herrschaftliche Häuser, in denen er gelegentlich vorbeischaute – während er beim Realitätenhändler Karl Ignaz Hennetmair in Ohlsdorf jahrelang und zeitweise tagtäglich ein und aus ging.

In einem anderen «Grafenhof» aber hatte eine für ihn lebensentscheidende Begegnung stattgefunden. Dieses Grafenhof war die Lungenheilstätte in der Nähe von Schwarzach im Pongau, wo Thomas Bernhard sich zweimal aufgehalten hatte. Dort lernte er Hedwig Stavianicek, geborene Hofbauer, kennen, aus einer bekannten Wiener Familie stammend und fünfunddreißig Jahre älter als er. Sie dürfte dem jungen Mann eine emotionale Geborgenheit und Sicherheit vermittelt haben, wie sie für ihn weder bei der Mutter noch beim Großvater, dem *Geistesmenschen*, zu finden gewesen war. Seinen *Lebensmenschen* hat er sie genannt, den nach dem Tod seines Großvaters *entscheidenden* Menschen, seine *Lebensfreundin*, der er *nicht nur sehr viel*, sondern *mehr oder weniger alles verdanke*.[169] Sie war für ihn *das Zurückhaltende, das Disziplinierende. Andererseits auch das Weltaufmachende.*[170] Ihre Beziehung, mit dem notwendigen Abstand, häufigen Trennungen und gewiß nicht als Romanze gelebt, währte fast fünfunddreißig Jahre und endete mit dem Tod von Hedwig Stavianicek im April 1984. Sie war der einzige Mensch, der bei ihm in Obernathal länger wohnen durfte, und er selber lebte in Wien seit den fünfziger Jahren immer wieder bei ihr in der Obkirchergasse 3 im 19. Bezirk. Selber schwer krank, hat er die Sterbende in den achtziger Jahren betreut. Nach ihrem Tod wollte er an ihrer Seite auf dem Grinzinger Friedhof beigesetzt werden. Die ergreifenden Worte Regers in *Alte Meister* (1985) über die Liebe zu seiner Frau, die ihn *mit der größten Sorgfalt jahrzehntelang am Leben erhalten hat*, lesen sich wie eine Erinnerung an die kurz zuvor verstorbene Hedwig Stavianicek. Auch Regers Frau ist im April gestorben und auf ähnliche Weise bestattet worden. Nur in ein weißes Leintuch gehüllt, wurde sie in den Sarg gelegt. In ihrem Grab auf dem Grinzinger Friedhof, liest man in *Alte Meister,* will auch Reger einmal, wie es mit ihr *vereinbart* wurde, beigesetzt werden. *Wir gewöhnen uns natürlich in Jahrzehnten an einen Menschen und lieben ihn schließlich mehr als alles andere und ketten uns an ihn und wenn wir ihn verlieren, ist es tatsächlich so, als hätten wir alles verloren.* Weder die Musik noch die Philosophie, noch die Schriftstellerei können, so viel sie einem auch bedeuten, über den Verlust des *einen einzigen geliebten Menschen* hinweghelfen.[171] Für den Zurückbleibenden gebe es nur den Schmerz über den Verlust und das schlechte Gewissen wegen der nie mehr gutzumachenden Verletzungen des anderen.

Mit Hedwig Stavianicek, München 1978

Durch Hedi Stavianicek besaß Thomas Bernhard seit den frühen fünfziger Jahren in Wien eine Wohngelegenheit und einen bescheidenen finanziellen Rückhalt; beides brachte natürlich auch Abhängigkeit mit sich, Vorwürfe und Streit. Durch die feste Adresse in Wien bekam der angehende Dichter den Zugang zu den Künstlerkreisen in der österreichischen Hauptstadt.

Das literarische Wien war in den fünfziger Jahren gespalten in eine sprachexperimentelle Avantgarde und eine offiziell geförderte Antimoderne, die seit den dreißiger Jahren das literarische Leben in Österreich beherrschte und auch nach Krieg und Faschismus einige Staatspreisträger stellte.[172] Der Kalte Krieg tat ein übriges, die aus der Emigration zurückgekehrten Schriftsteller in gegenseitigen Grabenkämpfen aufzureiben. Ein Brecht-Boykott, maßgeblich von Hans Weigel und Friedrich Torberg durchgesetzt, sagt alles über die restaurative Tragikomödie im Österreich der fünfziger Jahre.[173] Die fällige Auseinandersetzung mit der nationalsozialistischen und austrofaschistischen Vergangenheit wurde durch eine bequeme Österreich-Ideologie ersetzt, hinter deren Fassade der alte Ungeist ungebrochen in der Gegenwart fortwucherte. Unter diesen Bedingungen gab es nur Inseln einer kritischen Öffentlichkeit, jedoch keine kulturpolitischen Voraussetzungen für eine «Gruppe 47» wie in der Bundesrepublik. Wer nur konnte, verließ dieses Österreich, zum Teil mit Hilfe der Förderung durch die westdeutsche «Gruppe 47». Wer nicht wegging und von den schnell ausgewechselten Fassaden abgestoßen war, begann hier von Grund auf das Einverständnis mit den kulturellen Konventionen aufzukündigen, in einer avantgardistischen Sprache die «harmonischen Krüge» zu zerschlagen[174] und den Vaterlandsunsinn[175] provokant mit künstlerischen Mitteln zu konterkarieren. *Vaterland, Unsinn*, so lautet die erste Zeile des bedeutendsten Prosatextes, den Thomas Bernhard in den fünfziger Jahren verfaßte.[176]

In Bernhards Texten läßt sich in der zweiten Hälfte der fünfziger Jahre der Paradigmawechsel zwischen der naiven Antimoderne des Großvaters und der für die Lampersberg-Zeit charakteristischen Avantgarde-Rezeption verfolgen. Aber diese Wiener Avantgarde machte doch nur **einen** Aspekt in Bernhards literarischer Entwicklung in den fünfziger Jahren aus. Der Expressionismus, die Lyrik Trakls, die französische Moderne, Baudelaires «Les fleurs du mal», ja selbst die damalige Renaissance der Barock-Lyriker kamen seinem lyrisch-pathetischen Weltempfinden und dem Ausdruckszwang für seine tiefgreifenden Verletzungen eher entgegen. Bernhard hielt auch an der bäuerlichen Welt als Gegenstand seiner Lyrik weitgehend dann noch fest, als sich ihm die ländliche Idylle in eine Qual- und Schmerzlandschaft verkehrte.

Mit der Rekonstruktion der verstörenden und tödlichen Seiten der Landschaft des Flachgaus begann er eher zu sich selbst und zu seiner eigenen Herkunft zu finden als in den harmlosen Henndorfer Pastoralen seines Beginns. Die poetische Leistung Thomas Bernhards liegt in dieser Zeit weder in den frühen konventionellen Heimatgedichten noch in den avantgardistischen Experimenten des Tonhofs, sondern in seinen Gedichtbänden *Auf der Erde und in der Hölle* (1957), *In hora mortis* (1958) und *Unter dem Eisen des Mondes* (1958). *Die Irren / Die Häftlinge* (1962) erschien nur mehr als Privatdruck in Klagenfurt, und der letzte und umfangreichste Lyrik-Zyklus, *Frost*, 1961 beim Salzburger Otto Müller Verlag eingereicht, wurde nicht mehr publiziert. Gerade dieser Band aber enthält den bedeutendsten Teil des lyrischen Œuvres. Von den meisten dieser Gedichte hat sich Thomas Bernhard später nie distanziert. Eine Eintragung von seiner Hand auf dem Vorsatzblatt des Lyrikbandes *Unter dem Eisen des Mondes*: *mein eigenes Exemplar, das mir heute – 7. 12. 1980 – sehr gut gefallen hat*[177], weist auf die lebensgeschichtliche Notwendigkeit und ästhetische Authentizität, die diese Lyrik für ihn zeitlebens bewahrte. Dafür spricht auch, daß Bernhard in den achtziger Jahren eine persönliche Auswahl von Gedichten Christine Lavants (1915–1973) herausgab. Dreißig Jahre nach der Begegnung mit ihr in der Zeit seiner Aufenthalte in Maria Saal hat er mit seiner Gedicht-Auswahl *die Chronologie der Christine Lavant* dokumentiert. Wie nah sie seinem lyrischen Werk von damals steht, belegen die Sätze, in denen er sie rühmt als Dichterin, *die in ihrer Existenz durch sich selbst gepeinigt und in ihrem christ-*

lich-katholischen Glauben zerstört und verraten war[178]. Nicht anders könnte man Bernhards eigene Gedichte von *Auf der Erde und in der Hölle* bis zum unveröffentlichten *Frost*-Zyklus charakterisieren.

Der christlich-katholische Glaube ist in den Gedichten der Rahmen für den Himmel und Hölle in Bewegung setzenden Wiedergutmachungsanspruch des lyrischen Ich: *Ich werde die Hände anfüllen mit Erde / und meine Wörter sprechen, / die Wörter, die zu Stein werden auf meiner Zunge,/ um Gott wieder aufzubauen, / den großen Gott, / den alleinigen Gott, / den Vater meiner Kinder, / am Rand der Erde, / den uralten Vater, / am Rand der Erde, / im Namen meiner Kinder.* Das Ich schafft sich in einer blasphemischen zweiten Schöpfung im Gedicht einen Vater-Gott, der, zu Stein geworden, Bestand hat und eine neue Familie begründet. Als *Vater* der Kinder und im *Namen der Kinder* wird er beschworen, als wären diese bei den Müttern nicht am besten aufgehoben. Uralt ist er, damit er in die Urzeit des Ich zurückreicht und das Trauma des unerwünschten Kindes – *Ich war immer abgewiesen, niemals angenommen, aufgenommen worden*, heißt es in *Die Kälte*[179] – wiedergutmacht: *Ich erwarte, / daß mich der Herr erwartet*, mit diesen Versen schließt der letzte der zentralen *Neun Psalmen* des ersten Gedichtbandes *Auf der Erde und in der Hölle* (1957).[180] Ähnlich wie der Vatergott werden aber auch *die Erde* und *das Land* zu poetischen Gegen-Schöpfungen des gepeinigten Ich, das alles, *was Verachtung, Bitternis und Trauer war auf dieser Erde*[181] zurücklassen will und in der Sprache eine andere Erde schafft, eine *Erde, die seinen Vätern noch nicht geläufig war*[182], *ein Land, / das noch niemand gesehen hat; ein Land, das meinen Namen trägt, / ein Morgen ohne Zerstörung ...*[183]

Erde und *Land* sind in Bernhards lyrischer Welt nicht einfach Natur, sondern biographisches und geschichtliches Terrain. «Land ist bei Bernhard auffallenderweise nie identisch mit Natur», hat Peter Hamm zu Bernhards Gedichten bemerkt, «sondern mit den ihr Ausgelieferten und von ihr Zugrundegerichteten, den vielen Versoffenen, Verkrüppelten, Verrohten, Verrückten, die nicht nur Bernhards Prosa, sondern auch schon seine Lyrik bevölkern.»[184] Aber so realistisch auch die Gestalten und Gegenstände der dörflichen Welt erfaßt sind – Pfarrer, Metzger, Bierkrug, Selchfleisch, Eisstock –, der ländliche Raum dramatisiert in erster Linie Szenen des Ich und seiner Geschichte: oben das Eisen des Mondes, unter der Erde die Toten, das Ich von oben her zerschlagen und von den Toten heimgesucht, immer sind die Alten dabei, Mutter, Vater, Großvater und Gott als Herr, den das verratene und zerstörte Ich genauso einklagt wie *Erde* und *Land* der eigenen Herkunft.

Gleich eines der ersten Gedichte in Bernhards erstem Lyrikband *Auf der Erde und in der Hölle* rückt die *schwarzen Truhen der Bauernerde* ins Bild, ein finsteres Erbe, ein bedrohlicher Komplex des eingesargten Vergangenen, der dem Ich ins Haus steht und die Entscheidung fürs gelebte Leben verhindert: *Auf den schwarzen Truhen der Bauernerde / steht geschrieben, daß ich sterben muß im Winter, / verlassen von meinen Sonnen und vom Geraune der Kübel, der vollgemolkenen. [...] Ich werde nicht nur Verlassenheit erdulden müssen, sondern / das Vieh meiner Väter und Mütter durch die Jahrtausende treiben!*[185]

Das große Drama der Auseinandersetzung mit dem *Herkunftskomplex*[186] beginnt in der Lyrik im Inventar des traditionellen Bauernromans, mit Erde, Land, Vieh, Wetter und schwarzen Truhen. *Ich werde Regen erschaffen müssen / und Schnee und Mütterlichkeit / für meine Verbrechen und den Zorn rühmen, / der mir das Getreide auf den eigenen Feldern ruiniert!* Das Ich will mit *Regen, Schnee* und *Mütterlichkeit* den *Verbrechen* an seinem Landschaftsleib begegnen, solidarisiert sich mit dem *Zorn* der Gewitter, dem destruktiven Angreifer auf die *eigenen Felder*. In einer zugegeben noch unbeholfenen und bisweilen auch unfreiwillig komischen lyrischen Sprache werden Möglichkeiten der Auseinandersetzung mit dem Erbe der eigenen Kindheit imaginiert. Unter anderem taucht bereits die literarisch folgenreichste Möglichkeit auf: *dieses Land, dieses traurige Land* durch Auflösung und Abschenkung loszuwerden, um *alles zurückzulassen, / was Verachtung, Bitternis und Trauer war auf dieser Erde.* Er werde *die Händler und Samstaghuren in einem Waldstück zusammenrufen, / und dieses Land, dieses traurige Land, / ihrer wilden Verzweiflung schenken!* Später, in den Romanen und kleineren Erzählungen, in *Ungenach* oder *Watten. Ein Nachlaß* zum Beispiel, wird ein Notar die Aufstellung der zur Erbschaftsübernahme Aufgerufenen übernehmen, wodurch ein umständliches juristisch-administratives Moment als Formelement in Bernhards Prosa einzieht. Und anders als in der Landschaftslyrik vollzieht sich die Abschenkung nicht mehr in einem *Waldstück*, sondern ganz prosaisch in Rechtsanwaltskanzleien. Aber wie in der Lyrik bleiben es die Armen und Verzweifelten, die Außenseiter und Kriminellen, denen die Abschenkungen oder Erbschaften von Grundstükken und Gebäuden, von riesigen Liegenschaften und Betrieben, zufallen.

Die Thematisierung der Abschenkung und Auslöschung des Herkunftslandes ändert nichts daran, daß es vor allem um Ausgrabung und Rekonstruktion der eigenen Lebensgeschichte und um einen imaginären Vaterschaftsprozeß geht. Bis in den zuletzt geschriebenen Roman *Alte Meister* bleibt die Erforschung der eigenen Herkunft das Lebensthema Bernhards, trotz der *Angst*, so Reger in *Alte Meister*, daß er *mit der Zeit möglicherweise noch mehr entsetzliche Fürchterlichkeiten* ausgräbt.[187] In der Archäologie der eigenen Herkunft, der Erforschung der inneren und äußeren *Gründe*, hat Bernhard in der Lyrik zu seinem Thema und zu seinen Bildern gefunden. Das Brot *dieser jahrtausendealten Landschaft, es schmeckt nach Hunger und Toten*[188]; der Acker weiß um einen Verrat[189]; in der *Schottergrube* seiner Verzweiflungen *stöhnt* sein *verwunschener Name* und *der verwunschene Name* seiner Kinder *in den Steinen*[190]. Und immer wieder ist es die *Erde*, deren Sprache *keiner versteht*: *ich habe*

Sterne und Eiter aus ihr gerissen / in den Verzweiflungen / und Wein getrunken aus ihrem Krug, / der aus meinen Leiden gebrannt ist.[191]

Der zweite Lyrikband, *In hora mortis* (1958), kann formal als Weiterentwicklung der *Neun Psalmen* von *Auf der Erde und in der Hölle* verstanden werden. Fordernder und unnachgiebiger erscheint im Vergleich mit dem vorausgegangenen Lyrikband die Anrufung eines Du, eines Gottes als Gegenüber des Ich in der Stunde des Todes, bewegter die rhythmische Dynamik, unmittelbarer der Ausdruck des Zorns, der Qual, der Einsamkeit und Orientierungslosigkeit des Ich in einer finstern, verstörten Welt – *ich will nicht mehr allein die Übelkeit / und diese Welt ertragen / hilf mir / ich bin tot.*[192] Im barocken Genre der «Sterbebücher» findet Bernhard zu einem impulsiven Ausdruck für die lebensgeschichtliche und historische Zerstörung des Ich – *Herr mein Gott ich bin zerstört / zerschunden schon mit Kraut / und Wurzel / o zerstört mit Steinen / o zerstört im Acker [...] ich bin zerstört in dieser Zeit / die mir ihr Messer stößt ins Herz / o Herr der mich in Schnee und Eis läßt knien*[193]*; ich fürchte meine Seele / und den Tag der an der Mauer lehnt / und mich zersägt*[194]. In diesen Strophen und Versen befreit sich Bernhards lyrische Sprache von den Anleihen bei der literarischen Tradition, den expressionistischen Formeln oder der allzu großen Trakl-Nähe, zu wenigen einprägsamen sprachlichen Zeichen. Im letzten dieser Gedichte, die einer litaneienhaften Sprachbewegung folgen, verstummt die sprachliche Spur des Leidens in der Gebärde eines verhallenden *Ach*: *Die Vögel ach die Vögel / schwarz die Nacht / mein Blut / o Herr / zerschnitten sind mir / alle Vögel / Schrei der gelb / die Zung' verbrennt / zerschnitten / ach im Blut / die Messer Gott / mein Fleisch trink' ich / die Messer / tot ist längst / mein Rot / mein Grün' / mein Stachel sticht / zerschnitten / ach / zerschnitten / zerschnitten / ach / ach / ach / mein / Ach.*[195]

Noch im selben Jahr wie *In hora mortis* erschien in Köln bei Kiepenheuer & Witsch *Unter dem Eisen des Mondes*, der dritte Lyrik-Band von Thomas Bernhard. Die beiden vorangegangenen waren bei Otto Müller in Salzburg herausgekommen, dem Verlag auch von Christine Lavant, Christine Busta oder von H. C. Artmann. Als respektabel für einen jungen Lyriker galt der eine wie der andere Verlag, und Thomas Bernhard war so wenigstens einem kleinen, an zeitgenössischer Lyrik interessierten Leserkreis kein Unbekannter mehr. Bevor er sich mit dem Roman *Frost* als Prosa-Autor literarisch durchsetzte, erschien dann 1962 nur mehr ein Privatdruck von *Die Irren / Die Häftlinge* in Klagenfurt. Erst 25 Jahre später wurde dieser Band im Insel Verlag neu aufgelegt, ebenso wie der Lyrikband *Ave Vergil*, ein Frühwerk des berühmten Autors, das 1982 erschien und für ihn nichts mehr vom Wagnis und Zweifel der fünfziger Jahre besaß. Wie ungewiß die Anerkennung für Bernhards Lyrik damals letztlich blieb, wie schwer ein Verständnis für das eigentümlich provokante lyrische Idiom seiner Gedichte zu gewinnen war und wie tief der Zweifel im Autor selbst saß, belegt die Geschichte des *Frost*-Manuskripts, der letzten Lyrik-Sammlung Thomas Bernhards.

Der Autor hatte das etwa 140 Gedichte umfassende Manuskript beim Otto Müller Verlag vorgelegt. Dieser umfangreichste Gedichtzyklus Thomas Bernhards ist ein Beweis für «das intensive Lyrikschaffen bis um 1960»[196]. Nachdem plebejische Realistik und blasphemische Wut in Bernhards Gedichten die christlich-katholische Gläubigkeit gänzlich verdrängt hatten, tendierte das Lektorat eher zur Ablehnung. Moralisch-religiöse Bedenken verschränkten sich mit ästhetischen, Gutachten wurden eingeholt, von Ludwig von Ficker zum Beispiel, der, sonst für Bernhard, gereizt-abfällig reagierte – «Die ganze Welt nur als Requisit für sein Bedürfnis nach tragischer Eingebildetheit»[197] – und den wohl erwünschten Ausschlag für die Ablehnung gab. Denn Gerhard Fritsch, ebenfalls um eine Stellungnahme gebeten, war zu einer anderen Einschätzung gelangt. Als «Besessenen seines persönlichen Weltzorns und Weltleides» sieht er den Autor. Seine Lyrik: «Große und wilde Gesänge», die «neben schwärzester Verzweiflung» stehen. «Lästerungen aus halber und ganzer Seele treffen immer wieder die innere und äußere Landschaft, an die er gekettet ist: den dämonisierten Flachgau.» Der *Frost*-Zyklus bestätigt Fritsch seine «immer wieder aufgestellte Behauptung von Bernhards ans Geniale grenzender Begabung», von der das «Chaotische und bewußt Disziplinlose, auch der Manierismus seiner selbst» und zugleich die Suggestionskraft «seiner ununterbrochenen Melodie» nicht zu trennen seien.[198]

Die Ablehnung des *Frost*-Zyklus mußte Bernhard schwer treffen. Die suggestive Eindringlichkeit seines lyrischen Werks verrät ja auch eine gewaltige emotionale Triebkraft, ein unbändiges Verlangen, wahrgenommen zu werden mit seiner *Biographie des Schmerzes*, als könnten der künstlerische Ruhm und die Anerkennung alle früheren Leiden wettmachen. *Was werde ich tun, [...] wenn das Heu in nassen Dörfern verbrennt, ohne mein Leben zu krönen? – Was werde ich tun,* immer wieder die suggestive Frage im Gedicht: *Was werde ich tun, / wenn ich vergessen bin von allen, von allen ...?* Und die Antwort: *Bringt mir Ruhm, dann kann ich mich ruhig töten,* und: *Bringt mir eure Liebe an den Tisch [...] ersaufen will ich in eurer Liebe.*[199]

Bernhards Korrespondenz mit dem Verlag Otto Müller in der zweiten Hälfte der fünfziger Jahre dokumentiert dieses Bedürfnis nach Durchsetzung und Anerkennung, das ihn ungerecht macht gegen alle anderen Dichter, hochfahrend und wieder bis zur Selbsterniedrigung unterwürfig. Als er sein *Frost*-Manuskript eingeschickt hatte, wußte er, daß er hier nicht mehr nur im Anspruch, sondern auch im eigenen literarischen Ausdruck zu sich gefunden hatte. Sein Brief vom 23. November 1961, der sich in der Verlagskorrespondenz bei Otto Müller befindet, ist wahrscheinlich sein verzweifeltstes poetologisches Selbstzeugnis. Denn nie mehr später lag das Scheitern der eingeschlagenen literarischen Richtung, die Vergeblichkeit der rücksichtslosen Preisgabe der *Existenzpunkte* und *Daten* seines Lebens[200] so bedrohlich nahe. Die *Frost*-Gedichte nennt er in diesem Brief seine «Fleurs du Mal». Er versteht sich als Dichter der gehetzten Kreatur, das Manische seines Schreibens sei der Ausdruck eines kreatürlichen Ich, das nicht anders kann, sein immer gleiches Thema hat, immer gleich bleiben muß, wenn es nicht seinen Atem und sein eigenes Dasein verraten will. Nichts wolle er für sich, nur die durchlebte Wahrheit der eigenen Existenz rücksichtslos aussprechen.

Nach der Ablehnung des *Frost* hat Bernhard einzelne Gedichte aus diesem Zyklus veröffentlicht. Den Titel hat er dann für seinen ersten Roman genommen. In einer von Gerhard Fritsch 1963 herausgegebenen Anthologie stammen alle zehn Gedichte Bernhards aus diesem letzten, nicht erschienenen Lyrikband. Wieder die Fragen nach der Familie und nach dem Woher des Ich, aber lapidarer und prägnanter als in den früheren Lyrikbänden: *Jetzt rächen sich die Dörfer / und fragen, was du bist und wann und wo ...*[201] Wieder Särge statt lebendiger Beziehungen, Tote, an die das Ich nicht herankommt.[202] In wenigen Versen wird das fremde Land der eigenen Kindheit skizziert: *Wo die Kinder lachen, / da ist mein Land mir / fremder als alle Länder / der Erde.*[203] Und wieder die lebenslang nicht mehr aufgegebene Suche nach dem verlorenen Vater – unter dem ironischen Titel *In silva salus*:

Nach meinem Vater frag ich / den Totenschädel im Wald ... / Vater ... / der Mond hängt als Leiche / zwischen zwei Wipfeln, so / um mich zu betrügen ... da / ist die Wirbelsäule, durch die der Wind pfeift ... / Vater, mein Herz hast du / getötet ... zwei Füße ohne Stiefel, / ein verrostetes Koppelschloß, das sich im Weiher spiegelt ... / Zwei Schritte weiter / dein zerfressenes Schulterstück ... / Wie soll ich denn aus den Büschen hören, / was du mir antwortest, / wo soviel Stimmen sind? / Nach meinem Vater frag ich / den Totenschädel im Wald ...[204]

Die Anerkennung
«Frost» und die Prosa der sechziger Jahre

In kürzester Zeit, zwischen Juli und September 1962, soll Bernhard den Roman *Frost* geschrieben haben. Auf einem Treffen junger Dichter in Mondorf hatte er Wieland Schmied, der damals Lektor im Insel Verlag war, versichert, ihm in vier Wochen einen fertigen Roman vorzulegen. Es dauerte dann zwar ein paar Wochen länger, aber Ende September ging das Manuskript des ungewöhnlichen Prosawerks im Verlag ein, und im Mai 1963 konnte *Frost* erscheinen. Von da an gilt Bernhard als eine der größten literarischen Begabungen der deutschsprachigen Literatur. «In all den Jahren hat man sich gefragt, wie wird es wohl aussehen, das Neue. Hier ist es, das Neue», schrieb Ingeborg Bachmann über Bernhards Prosa in den sechziger Jahren.[205]

Thomas Bernhard hatte schon lange vor dem Roman *Frost* Prosa verfaßt, zuerst aufbauende Heimatliteratur in Kurzform, kreuzbrav und positiv. Mitte der fünfziger Jahre ein paar längere Erzählungen, unter denen *Der Schweinehüter* (1956) aufhorchen läßt, weil hier zum erstenmal alles brüchig geworden ist. Nachdem die ländliche Welt eben noch so schön war, plötzlich in einer Erzählung der Wunsch, sich aufzuhängen, *auf einem unauffindbaren Baum verwesen, sich in Nichts auflösen*, alle *Spuren seines Daseins [...] auslöschen*. Und zum erstenmal erkennt eine erzählte Figur bei Bernhard im *Bild der Mutter* die Ursache des qualvollen Daseins: *Er empfindet nichts mehr vor dem Bildnis seiner Mutter. Sie schaut ihn furchtbar aus dem schwarzgeschnitzten Rahmen an. Ihre großen Augen hassen ihn. Er könnte sich schlagen: in diesem Bild hat er nie so deutlich die Lieblosigkeit seiner Mutter entdeckt. Die Kälte ihrer Augen, die Finsternis ihres ganzen Wesens. Ein sich ständig steigernder Haß gegen die Urheberin seines Leidens steigt in ihm auf. Haß gegen alle Menschen. Nein, es fällt ihm nicht schwer, sich von der Erde zu trennen. Sie ist ein millionengesichtiges Phantom, ein Gespenst, ein Irrenhaus.*[206]

1959 ist *In der Höhe. Rettungsversuch, Unsinn* entstanden, aber erst postum 1989 als letzte von Bernhard gewünschte Buchveröffentlichung erschienen. Dem Tode nah wollte er diese frühe Prosa veröffentlicht sehen: vielleicht weil dieser Text – die Aufzeichnungen eines von der Nachkriegszeit und durch sich selber verstörten jungen Mannes – die widersprüchlichen Komponenten seines Ich unverstellt und ungeschützt herzeigt, den «ganzen Glanz und Schmutz» seiner Seele (Heinrich von Kleist). *In der Höhe. Rettungsversuch, Unsinn* ist darüber hinaus ein einziger Steinbruch später aufgegriffener oder für immer liegengelassener literarischer Themen und Motive. Hier herrscht eine Radikalität, die dann in seinem Werk nie mehr erreicht wird, weil die bewußtere erzähltechnische Organisation und die kontrolliertere thematisch-motivische Arbeit strenger auswählend und zensurierend verfährt. Kein Versuch mehr im späteren Werk, den alltäglichen Todesarten, dem großen kriminalistischen Thema Ingeborg Bachmanns, genauer nachzugehen: *wenn wir einen Menschen betrachten, der auf rätselhafte Weise getötet wird, aber dessen Tod nicht sofort eintritt, sondern nach und nach, ohne daß der Betreffende weiß, wer seine Mörder sind [...] nichts kann mich davon abhalten, an dieses Bild zu glauben, niemand wird mich jemals davon abhalten, dieses Bild zu sehen.*[207] Und nie mehr findet sich dann in seinen Werken der Versuch, die Ermordeten der Gaskammern in den Blick zu rücken.[208]

In der Höhe gehört zu den am Ende der fünfziger Jahre geschriebenen Texten, die, wie Bernhard zu einem anderen Text aus dieser Zeit bemerkt hat, die *konzentriert wiedergegebene Verfassung* enthalten, in der er sich *gegen Ende der fünfziger Jahre – Anfang der sechziger Jahre befunden* hat. Eine *Verfassung* hat noch wenig mit ästhetischer Ökonomie und distanzierender erzählerischer Konstruktion zu tun. Deren Erfindung ist dem Roman *Frost* vorbehalten geblieben.

Symptomatisch für die überlegte Vorbereitung des Romanerfolgs von *Frost*, daß Bernhard 1962 im letzten Moment einen bereits im Satz befindlichen Prosaband im S. Fischer Verlag zurückzog, die Sammlung kurzer Prosastücke, die er erst 1969 mit dem Titel *Ereignisse* im Berliner Colloquium-Verlag herausbrachte, zu einer Zeit, als er in seiner Prosa längst einen anderen Weg eingeschlagen hatte. Bernhard war von der Idee eingenommen, daß sein erster Prosa-Band unverwechselbar und überwältigend zu sein habe, ein Text, mit dem er die *Welt erobern* müsse.[209] Und die *Welt erobern* mit seinem Schreiben, das hatte er nun seit zehn Jahren versucht, zuerst im übertrieben Guten, mit dem Himmel, in den er die salzburgische Heimat erhob, dann, ab dem ersten Gedichtband, mit der Hölle, in die man ebenfalls direkt aus dem Salzburgischen hinabstieg. Er war noch, wie Ingeborg Bachmann zu seinem ersten Lyrikband bemerkt hatte, mehr im großen «Anspruch» da als in der Sprache des Werks.[210]

Mit dem Roman *Frost* hatte Bernhard eine Prosa geschaffen, die «durch das Zwingende, das Unausweichliche, die Härte» ihrer Sprache imstande war, die literarische Welt zu erobern. Carl Zuckmayer, der Thomas Bernhard aus der Henndorfer Zeit kannte, leitete mit einer enthusiastischen Besprechung unter dem Titel «Ein Sinnbild der großen Kälte» (Die Zeit, 21. 6. 1963) die Serie der Rezensionen ein. Und all die bald

Thomas Bernhard mit dem eben erschienenen Roman «Frost»
im Café Bazar in Salzburg, 1963

nachfolgenden Besprechungstitel, «Die Landschaft des Menschen» (Günter Blöcker, Frankfurter Allgemeine Zeitung), «Endspiel im Salzburgischen» (Otto F. Beer, Süddeutsche Zeitung), «Das Dunkel und die große Kälte» (Frankfurter Rundschau), «In der Kälte des Todes» (Christel Brinkmann, Der Mittag) zeigen allein schon mit ihren großen Wörtern für letzte Dinge, die ihnen der Roman aufdrängt, daß die Kritik von dem Roman-Erstling überwältigt ist. Zuckmayer hält das Buch «für eines der aufwühlendsten und eindringlichsten Prosawerke, die seit Peter Weiss von einem Autor der jüngeren Generation vorgelegt worden sind». Dieses Buch sei «kein ‹psychologischer› Roman, auch wenn die verschiedenen Phasen des Zerfalls und der Vereinsamung, man sollte besser sagen: Verfrostung, des Malers Strauch mit der Exaktheit eines klinischen Rapports zur Sprache kommen». Zuckmayer vergleicht das Buch mit der «Forschung der Höhlenforscher», die davon ausgeht, «daß man außer dem Lauf der unterirdischen Gewässer unbekannte Einsichten finden könnte und neue Zeugnisse über den Ursprung des Menschen». «Wenn man das Buch gelesen hat, fühlt man sich auf eine Spur gesetzt, die so alt ist wie die menschliche Überlieferung und dennoch so neu, und in unerforschte Gebiete weist als der Flug in den Raum.»

So faszinierend die Neuartigkeit dieses Roman-Werks sich auch ausnimmt, es gab da, wie beim «Flug in den Raum», sehr irdische – technische und geschichtliche – Voraussetzungen. Die *Frost*-Lyrik beweist, daß Bernhard die Eigentümlichkeit seines sprachlichen Idioms in der Verbindung von plebejischer Realistik und existentiellem Drama zu finden begonnen hatte, eine Konstellation, der sich pathetische, aber auch komische Effekte abgewinnen ließen – *In silva salus* heißt: *Nach meinem Vater frag ich / den Totenschädel im Wald …!* Die Spurensuche nach dem lebensgeschichtlichen und historischen *Unheil* bleibt auch im Roman *Frost* bestimmend. *Bruchstücke* und *Trümmer* früher *Katastrophen* werden ausgegraben, *Erinnerungspartikel* der eigenen Familiengeschichte aufgefunden. Die Spuren des Kriegs sind allgegenwärtig: *Grausige Spuren habe der Krieg im ganzen Tal hinterlassen.* «*Noch heute stößt man immer wieder auf ganze Skelette, die nur von einer dünnen Tannennadelschicht zugedeckt sind*», *sagte der Maler.* Für Bernhards literarisches Werk gilt seit den Lyrik-Bänden, was der Maler Strauch in *Frost* über die Wiederkehr der verdrängten jüngsten Vergangenheit des Krieges sagt: *[…] dieser Krieg wird niemals vergessen sein. Immer wieder werden die Menschen auf ihn stoßen, wo sie auch gehen mögen.*[211] Eben in der Zeit des Erscheinens von *Frost*, 1963, hat Thomas Bernhard das Prosafragment *Der Italiener* geschrieben, das in Wolfsegg spielt, dem Schauplatz auch des späteren Film-Skripts (1971) und des als letzten erschienenen Romans *Auslöschung* (1986).

Im Schloßpark von Wolfsegg, erfahren wir in der Erzählung, befindet sich ein Massengrab erschossener Polen, um das sich niemand von den offiziellen österreichischen Stellen kümmert. Mit diesem verschwiegenen Kriegsverbrechen ist der Selbstmord des Vaters in der Erzählung auf rätselhafte Weise verbunden. Der junge Erbe des Schlosses, der als Kind die Schreie der Hingerichteten gehört hatte, weiß, daß er sie niemals mehr aus dem Kopf bringen wird. «*Mein ganzes Leben*», *sagte ich*, «*habe ich immer geglaubt, dem Geschrei der an die Wand gestellten Polen nicht mehr entkommen zu können.*» Selbst das Atmosphärische der Landschaft, die Natur, scheint von dieser Vergangenheit verdunkelt. *Die Finsternis, die hier herrscht …* – dieser abgebrochene Satz der Titelgestalt der Erzählung, des Italieners, der zum Begräbnis des Fürsten nach Wolfsegg ge-

Anton Lehmden: «Kriegsbild I». Bernhards Prosaband «An der Baumgrenze», 1969, ist mit Zeichnungen von Anton Lehmden ausgestattet

kommen ist, hat mit der unaufgeklärten Geschichte dieser Landschaft zu tun.[212]

Voraussetzungslos war *Frost* auch nicht im Hinblick auf den literaturgeschichtlichen Kontext. 1960 fand Hans Leberts Roman «Die Wolfshaut» in Österreich eine ungewöhnlich große Beachtung. Sein Erscheinen markierte das Ende des «lyrischen Jahrzehnts». Um 1960 war der Wiederaufbau weitgehend abgeschlossen, die Literatur ging daran, den Grund zu erforschen, auf dem die neuen Gebäude nach dem Krieg errichtet worden waren. Das Verdrängte und Grauenvolle unter der heiteren Fremdenverkehrslandschaft, diesem «einzigen großen Sporthotel Westösterreich» (Heimito von Doderer), wurde ihr Thema, es drängte sie in die finstere Provinz, in die abgelegenen und verdrängten Bezirke. Wie in Leberts «Wolfshaut», dort ist es das Dorf «Schweigen» in der Nähe von «Kahldorf», führt die Romanhandlung in Bernhards *Frost* in ein abgelegenes Dorf und in ein verkommenes Gasthaus. Zentralgestalten sind hier wie dort zwei von außen Gekommene. Der Ich-Erzähler in *Frost* kommt aus Schwarzach, er hat am dortigen Krankenhaus famuliert und soll nun einen kranken alten Künstler, den Bruder seines Dozenten, in dem abgelegenen Weng beobachten. Schwarzach, das war die Bahnstation für Grafenhof, dem Lungensanatorium, in dem Bernhard gewesen war. Anfang der sechziger Jahre famulierte sein Halbbruder Peter Fabjan im Schwarzacher Krankenhaus. Der Ortsname gibt wie zufällig und selbstverständlich die Farbe vor, die atmosphärisch über der Welt dieses Romans liegt.

Die übliche Heimatidylle hat sich verkehrt. Statt der guten Luft breitet sich der Geruch von Fäulnis und Verwesung über den Orten aus. Es sind die vergrabenen Toten, die den Ekel und das Grauen in dieser Nachkriegslandschaft hervorrufen. Die Stille zieht sich «wie eine Schlinge zusammen», eine «Kälte», «unerträglich, unüberwindlich und von innen her», ergreift von allem Besitz. Das «Dunkle, Ungestalte, Unfaßbare» verpestet die Atmosphäre. Die Landschaft erscheint als «Leichnam», der Wald als «Knochengerippe», die Welt als «Totenkiste».[213] Die Landkarte dieser Welt: aus Blutspuren gezeichnet. Alle diese Bilder stammen aus Leberts «Wolfshaut», und alle ließen sich in Bernhards *Frost*-Roman wiederfinden. *Alles, jeder Geruch, ist hier an ein Verbrechen gekettet*, sagt der Maler Strauch in Bernhards *Frost*-Roman, *an eine Mißhandlung, an den Krieg.*[214]

Schloß Wolfsegg in Oberösterreich, ein zentraler Schauplatz im Werk Thomas Bernhards seit den sechziger Jahren

Bei Bernhard erhält die Landschaftsdarstellung eine zusätzliche, geradezu archaisch anmutende Gewalt, insofern sich in jener auch die *Urgeschichte* des Ich in rätselhaften Zeichen vergegenständlicht. Ausdrücke wie *Diluviumszerfall des Einzelnen*[215] wissen von frühen Katastrophen; riesige Eisblöcke weisen auf weit zurückliegende Kälteeinbrüche; Brokken, Trümmer, Bruchstücke lassen eine Gewalt erahnen, die lebendige Zusammenhänge zerrissen hat. *«Etliche Spuren aus dieser oder jener Zeit finden Sie, Steine, Mauerbrocken, Zeichen, von was, weiß niemand [...] Eine verfallene Kirche, Skelette. Spuren von eingedrungenem Wild. Vier fünf Tage Einsamkeit, Schweigsamkeit»*, sagte er [...] *«Es ist wie der Gang durch ein vormenschliches Jahrtausend.»*[216] Diese rätselhafte Überlagerung von Erdgeschichte, Landschaft, Geschichte und Biographie, dieser allegorische Blick auf die Welt, ist spätestens seit der *Frost*-Lyrik charakteristisch für Bernhards Schreibweise, in der ständig *alles gegenwärtig* ist. *«Hier ist jeder Stein für mich eine Menschengeschichte»*, sagte der Maler. *«Sie müssen wissen, ich bin diesem Ort verfallen.»* Und *alles sei ein abgemachter unterirdischer Ablauf*, und *alles, jeder Gegenstand, alles, was man rasch aufnimmt, [ist] die ganze Urgeschichte.*[217] Ähnlich wird der Turm in *Amras*, dem nächsten Prosaband, eine geheime Verbindung zum *Urgestein* der Frühzeit des Ich herstellen.

Daß sich diese vielfältigen Bedeutungsüberlagerungen nicht ins Irrationale und Beliebige auflösen, bewirkt die wissenschaftliche Perspektive, aus der berichtet wird. Eine entscheidende Rolle dabei spielt – Zuckmayer spricht von «der Exaktheit eines klinischen Rapports» – die von nun an typische Erzählkonstruktion. In *Frost* hat Bernhard seine Grundstruktur des Erzählens entdeckt. Wenn das lyrische Ich in den Gedichten zu Gott klagte, wie es doch mit sich zerfallen ist, zerrissen und zerschnitten, so machte Bernhard ab dem Roman *Frost* diese Zerfallenheit zur Voraussetzung eines modernen, in sich aufgespaltenen Erzählens. Eine Figur redet und redet, die andere registriert und reflektiert die Monologe; eine Figur hinterläßt ihre Aufzeichnungen, die andere setzt sich kommentierend mit den nachgelassenen Schriften auseinander. Diese vermittelte sprachliche Wiedergabe schafft eine Art wissende Distanz zum monologischen Redestrom, indem das ständig eingeschaltete *sagte er* den verfremdenden Gestus enthält: S o sagte er es, man achte auf diesen bezeichnenden sprachlichen Ausdruck! Andrerseits wird dadurch ein breites Spektrum von Erzählhaltungen ermöglicht: von der kältesten Unbeteiligtheit und distanziertesten Wissenschaftlichkeit bis zum zutiefst beteiligten Blick des Beobachters, der sich in einen mitleidenden Bruder verwandelt.

Die vermittelt wiedergegebenen Reden ermöglichen es nun dem Autor, eine ungewöhnliche grammatische Virtuosität zu entfalten, den Konjunktiv der indirekten Rede nuancenreich zu instrumentieren, die weit gespannten grammatischen Beziehungen bis zur Verselbständigung der

Satzglieder zu treiben. Neuartige rhythmische Phrasierungen werden dadurch möglich, an die thematische Arbeit der Musik erinnernde sprachliche Variationsverfahren beginnen sich durchzusetzen. Am Ende der sechziger Jahre, in der Zeit der formalistischen Sprachexperimente, wird Bernhard, in *Watten* oder in *Kalkwerk*, seine grammatischen «Verfahren» bis zur Verfremdung der Sprache weitertreiben.

Bernhards erster Roman führt die Spannweite dieser Erzählkonstellation vor und läßt uns verstehen, warum bei ihm die Spaltung im Erzählprozeß lebensgeschichtlich und künstlerisch so folgenreich werden mußte. Das Romangeschehen in *Frost* nimmt seinen Ausgang im wissenschaftlichen Auftrag des Famulanten, dem *eine präzise Beobachtung* des kranken Malers abverlangt worden ist: *Beschreibung seiner Verhaltensweisen, seines Tagesablaufs; Auskunft über seine Ansichten, Absichten, Äußerungen, Urteile. Einen Bericht über seinen Gang. Über seine Art zu gestikulieren, aufzubrausen. «Menschen abzuwehren». Über die Handhabung seines Stockes. «Beobachten Sie die Funktion des Stockes in der Hand meines Bruders, beobachten Sie sie genauestens.»*[218]

Dieser Beobachtungsauftrag steht in der Tradition der philosophischen und literarischen Sprachthematisierung in Österreich, der Untersuchung der Sprache als «Lebensform», wie es bei Wittgenstein heißt. Im Roman werden die wahnhaften Monologe des kranken Künstlers von einem analytischen Blick getroffen und mehr oder weniger geistesgegenwärtig reflektiert. Der Autor, das schreibende Ich, schafft sich auf diese Weise im literarischen Werk, anstelle der bisherigen unmittelbaren Selbst-A u s s a g e, den ästhetischen Raum für eine neue Form der gedanklichen Selbst-A u s e i n a n d e r s e t z u n g. Bernhards Porträt *Ein junger Schriftsteller*, Mitte der sechziger Jahre erschienen, stellt ein poetologisches Dokument für diese analytische Wendung in seiner Erzählprosa dar. Aus der Gefangenschaft in den unbewußten Bildern – *Die Jugend ist nur in Bildern; der durchschnittliche Mensch ist auch nur in Bildern, nicht in Gedanken* – habe sich der junge Schriftsteller endlich befreit, indem er zur Erforschung der *Ursachen* vorgedrungen ist: *Ursachen, nicht Wirkungen wollte er schließlich und endlich analysieren. – Es sei für ihn der ergreifendste Augenblick gewesen, aus den ihn «seit Jahrtausenden», wie es ihm schien, umgebenden Bildern auf einmal Gedanken zu machen.*[219]

In den ersten Romanen, *Frost*, *Verstörung* (1967), aber auch in *Amras* (1964) und *Watten* (1969), spielen Ärzte im Erzählgeschehen die entscheidende Rolle, als hätte sich der Autor für die Beschädigungen seines Ich ein verständiges Alter ego erschaffen wollen, nachdem mit der Lyrik Gott bei ihm literarisch ausgespielt hatte. Bernhard, der die herrschende medizinische Praxis aufs brutalste an Leib und Seele erfahren hat, entwirft in seiner poetischen Praxis, besonders in *Frost* und *Verstörung*, weniger direkt aber auch in *Amras* und *Watten*, Ärzte-Figuren, die den Inbegriff einer humanen Wissenschaft verkörpern. An die romantische

Bernhard bei einer Lesung aus seinem Roman «Frost» im Palais Wilczek in Wien, 1963

Medizin lassen diese Gegenfiguren zur instrumentellen Rationalität der modernen Naturwissenschaften denken. Als könnten sie einen Weg aus der *einstirnigen* technisch-instrumentellen Herrschaft über das Objekt weisen. Die vielen Bilder destruktiver Apparate und Instrumente kulminieren in *Frost* im Alptraum des Famulanten, sein Gegenüber, den kranken Maler, operieren zu müssen. Im Traum sieht sich der junge Medizinstudent, der sich an den wissenschaftlichen Beobachtungsauftrag seines medizinischen Vorgesetzten *gefesselt* fühlt, den Maler Strauch, seinen *Beobachtungsgegenstand*, operieren. Er schneidet in einem *schlachthausähnlichen, weißgekachelten Raum*, von der versammelten Ärzteschaft im Hintergrund aufgefordert, drauflos: *Plötzlich sah ich, daß ich den Körper, an dem ich, wie ich glaubte, ganz präzise Operationen vorgenommen hatte, vollkommen zerschnitten hatte.* Zurückgeblieben war vom Körper des Malers *ein Haufen vollkommen verstümmelten Fleisches, das sich unter elektrischen Stößen zu bewegen schien.*[220]

Ursachenforschung[221] betreiben, die *wirklich ungeheuren Zusammenhänge*[222] erkennen, sich mit *außerfleischlichen Tatsachen und Möglichkeiten auseinanderzusetzen*, etwas *Unerforschliches bis zu einem gewissen erstaunlichen Grad von Möglichkeiten aufzudecken*[223], in dieser Intention trifft sich die literarische Methode tatsächlich mit einer humanen Medizin, ohne daß die Gefahren eines zu unmittelbaren Objektverhältnisses übergangen würden. Bernhard hat auf diese Weise dem Satz des Novalis von der Medizin als der poetischsten aller Wissenschaften seine heute aktuellste Deutung gegeben. Am Verhältnis zum naturverfallenen Gegenüber, dem Kranken und Wahnsinnigen, wird in Bernhards großen ersten Romanen, in *Frost* und *Verstörung*, ein Begriff von der Natur ablesbar, der diese nicht von vornherein nur unter dem Aspekt der Beherrschung faßt, sondern sie ausreden läßt. Und diese so noch nie gehörte Sprache war zum erstenmal in *Frost* zum literarischen Ereignis geworden. «Es werde da etwas zum Anklang gebracht», heißt es in Zuckmayers Besprechung, «was wir nicht kennen und wissen» und «was wir mit Erlebtem, Erfahrenem, auch mit literarischen Vorbildern, kaum vergleichen können».

Jedes der nun folgenden Prosawerke bestätigte den großen Eindruck, den *Frost* hinterlassen hatte. Bernhard blieb bei dem nun einmal gefundenen erzählerischen Grundmodell, das vielfältig variiert und modifiziert bis in seine letzten Texte weitergeführt wird; auch die Ärzte behalten in den sechziger Jahren zunächst ihren wichtigen Platz innerhalb des Erzählmodells. In *Verstörung* (1967) stellt der jugendliche Erzähler seine Beobachtungen auf einer Krankenvisite an, auf der er seinen Vater, den Arzt, begleitet; in *Watten* (1969) kommt die Hauptgestalt, selber Arzt, aber vom Dienst suspendiert, der Aufforderung nach, eine Selbstbeschreibung für einen Wissenschaftler zu verfassen; und *Amras* (1964), das auf *Frost* folgende kleine Prosawerk, besteht in seiner romantischen Gattungsmischung vor allem aus Briefen an einen Psychiater, in denen der Ich-Erzähler über seinen kranken Bruder und sich selbst Beobachtungen anstellt.

Amras – Geschrieben 1964 steht im Buch, begonnen wurde es sicher schon 1963 in Hannover[224] –, hat Thomas Bernhard immer besonders geschätzt. Es ist sein am deutlichsten romantisches Werk. Das Motto stammt von Novalis: «Das Wesen der Krankheit ist so dunkel als das Wesen des Lebens.» Seine Form, die Komposition aus verschiedenen literarischen Gattungen, aus Erzählpassagen, Briefen, literarischen Skizzen, Notizbucheintragungen und *Sätzen*, die Betonung des Fragmentarischen in der Darstellung, die Poetisierung wissenschaftlicher Begriffe zu Zauberwörtern, *Araucaria, Podocarpus, Ginkgo, Oxalis, Myrtillus* und *Calluna*[225], vor allem aber die Aufhebung der Grenzen zwischen Ich und Natur und Welt und Kosmos und die chemisch-mystische Gleichung aller Bereiche des Lebens und der Welt im Zeichen des Zerfalls, lassen an das Konzept der romantischen Universalpoesie denken. *Was wir hörten, waren die klaren Gerinnsel einer ununterbrochenen, sterbensmüden Chemie, was wir sahen, war Tag und Nacht nichts als Nacht ...* Und: *Wir waren in der Beobachtung alles Scheiternden von jeher geschult, doch fühlten wir im Turm, verstört, von der ganzen Natur ins Vertrauen gezogen, auf einmal die Weisheit der Fäulnis.*[226]

«Naturgemäß» ist Bernhards am offenkundigsten in der romantischen

Tradition stehendes Buch in erster Linie ein unverwechselbarer Bernhard-Text. Ein Brüderpaar, der eine Musikstudent, der andere studiert Naturwissenschaften, beide nach einem gemeinsamen Selbstmordversuch der Familie gerettet, verbirgt sich im Turm von Amras vor der Außenwelt; einer der beiden, der Naturwissenschaftler, der Ich-Erzähler, beobachtet auf *ihn erschreckende Weise* den Verfall des anderen in seiner Krankheit, reflektiert ihrer beider schwieriges *Verhältnis zueinander*, verfällt schließlich selber der Krankheit der Auflösung. Denn die Isolation im Turm liefert das Ich an seine eigene Geschichte und die Natur aus – *wie niemals vorher* war die *Kindheit [...] so gegenwärtig*[227]. Der Turm wird zum Ich-Gebäude, das, wir kennen dieses sprachliche Zeichen, ins *Urgestein* der Kindheit und Familie hineinreicht: *Allein mit dem uns angeborenen Scharfsinn, auf einmal in Urgestein und in Familie, mit der Vorliebe für das Ausleuchten aller Ritzen unseres finsteren Denkgebäudes, mit der Natur.*[228] Anders als in *Frost* gelingt dem Ich-Erzähler in *Amras* nicht mehr die Flucht in ein rettendes Studium. Der letzte Satz des wunderbaren kleinen Prosawerks verrät, daß der Erzähler inzwischen aus einer Irrenanstalt schreibt: *Mein Studium will ich nicht aufgeben, in Zukunft nur noch in mir selbst betreiben ... herrschen in unseren Irrenhäusern uns alle beschämende Zustände.*[229]

Als 1967 *Verstörung* erschien, war der zweite Roman Thomas Bernhards schon ein literarisches Ereignis, bevor sich noch die Kritiker äußern konnten. Für «Die Zeit» verfaßte Peter Handke, das neue Enfant terrible der Literatur, eine Besprechung, die in Wirklichkeit das Abenteuer seines Lesens beschrieb. Handke vergegenwärtigte sich, was ihn an Bernhards Romantext, vor allem am Monolog des Fürsten Saurau, dem zweiten Teil der *Verstörung*, nicht losließ. Sein Bericht geht von der emotional-affektiven Wirkung des Romantextes aus, der er in der Beschreibung des spezifischen Zeichencharakters der Sprache des Fürsten – wir befinden uns in der Zeit des strukturalistischen «linguistic turn» in der zweiten Hälfte der sechziger Jahre – auf die Spur kommen will. «Der Fürst redete wie zur Lebensrettung. Er wiederholte viele Sätze wieder und wieder, wobei er nur immer die Wörter umstellte. Seinen endlosen Verallgemeinerungen schloß er plötzlich den Satz an: «Diese riesige Mure! Diese riesige Mure! Der Fürst sagte nicht, daß er verzweifelt sei, er sagte: Diese riesige Mure! Alle Namen, selbst die Ortsnamen, waren für den Fürsten Verzweiflungsnamen.»[230] Mit ganz einfachen Mitteln der Beschreibung entdeckt Handke die sprachliche Dramatik der Innenwelt der Außenwelt der Innenwelt im Monolog von Bernhards Zentralgestalt. «Was er von der Außenwelt erwähnte, war nur ein Zeichen seiner Innenwelt.» – «Die Namen für die Dinge und Vorgänge, so erkannte ich, waren nur Zeichen für seine Zustände.» Handke weist darauf hin, wie der Sprach-Zustand des Fürsten Eigentümlichkeiten der Sprache Schizophrener aufweist, die Bildung neuer Wörter zum Beispiel, den Gebrauch von manierierten

Fremdwörtern, die häufige Verwendung von Theatervergleichen, den ständigen Wechsel von einer Sprechweise in die andere, von einer philosophischen etwa in eine juristische. «Der Fürst sprach in fremden Sprechweisen, die aber insgesamt seine eigene Sprechweise war.» Handke fiel auch auf, wie die Rede-Besessenheit des Fürsten im Roman mit seiner Erstickungsangst in Verbindung gebracht wird. «Der Fürst war besessen vom Reden, er sprach, so sagte er, aus Angst zu ersticken.»[231]

So brachte Handkes sprachlicher «Formalismus» mehr Verständnis für die konkrete, existentielle und soziale Dimension von Bernhards Sprache auf als die Kritiker, die in ihren Besprechungen immer häufiger das Wort «monomanisch» zu strapazieren begannen und nur Krankheit und Tod sahen. Bis heute wurde ja auch die große Emotionalität und verhaltene Erotik in Thomas Bernhards Prosa nur ausnahmsweise wahrgenommen, obwohl diese, in der umgebenden Dunkelheit und Kälte, in einer Natur, die es mit den Menschen nicht gut meint, eine unvergleichliche Intensität und mystische Leuchtkraft erhält: *Im Turm war es, wegen der Nähe des Sillflusses, kalt, trotzdem standen wir oft nach dem Nachtmahl, solange wir es ertragen konnten, völlig nackt, Körper an Körper, in für uns schon lange nicht mehr wunderwirkender zarter Berührung an die vor Feuchtigkeit blitzenden Mauern gelehnt, in einer Art unerfüllbaren, unsere Köpfe beschwerenden pubertären Erfrischungsmanier… Walters Haut, fleckenlos, krank, in Verlegenheit, schimmerte, wo der Lichtschein der Sill in einem beinahe spitzen Winkel, gebrochen durch einen schmalen, vom linken Fensterladen hervorgerufenen Schatten hereinfiel, am schönsten …*[232]

Dieser «andere Zustand» (Robert Musil) in Bernhards Prosa ist leicht zu übersehen, angesichts der zahllosen Leidens- und Schreckenszeichen. Sein Stellenwert in der ästhetischen Komposition des Werks wird dadurch nicht weniger bedeutsam. Vom verklärenden Licht der spätsommerlichen Septembertage in *Verstörung* zum *Umweltverzauberer* Gambetti in *Auslöschung* ließe sich die Kontinuität dieser mystisch gefärbten Augenblicks-Utopien im Werk des angeblich dunkelsten aller Schriftsteller zeigen. In *Korrektur* (1975) gehören neben der Erfindung des Kegels, dieses tödlich kalten Gebäudes einer mathematischen Vernunft, die Sätze über die kontemplative Betrachtung der gelben Papierrose zu den unvergeßlichen Passagen. An seinem 23. Geburtstag hatte Roithamer, die Hauptfigur des Romans, auf dem Musikfest in Stocket in einer Schießbude viele Papierrosen geschossen. Nur eine behielt er zur Erinnerung[233], die übrigen 23 hatte er *einem an ihm vorbeigekommenen unbekannten, ihn an seine Schwester erinnernden Mädchen* geschenkt, nur die eine Papierrose bewahrte er bis zu seinem Ende auf. In Roithamers letzten Eintragungen findet der Erzähler den Satz: *In Anschauung der gelben Papierrose, nichts sonst (3. Juni).*[234]

Solche Stellen in Bernhards Werk zeigen sein ästhetisches Gefühl für kleine, tief berührende Bilder und Szenen, die an die größten Autoren

Verleihung des Literaturpreises der Deutschen Industrie in Regensburg, 1967

denken lassen, an Jean Paul, Büchner, Stifter oder Musil. In Ingeborg Bachmanns fragmentarisch gebliebenem Essay über Thomas Bernhard steht der abgebrochene Satz: «Daß in der deutschen Sprache wieder die größte Schönheit, Genauigkeit, Art, Geist und Wahrheit geschrieben wird».[235]

Die literarische Anerkennung der Prosa Bernhards zeigte sich seit Mitte der sechziger Jahre auch in den ihm zuerkannten Literaturpreisen, die er nun fast so regelmäßig erhält, wie seine Bücher im Jahresrhythmus auf dem Markt erscheinen. 1964 wird ihm der Julius-Campe-Preis verliehen, 1967 die Literarische Ehrengabe des Kulturkreises im Bundesverband der deutschen Industrie, 1968 der Österreichische Staatspreis und der Anton-Wildgans-Preis, 1970 der Georg-Büchner-Preis der Deutschen Akademie für Sprache und Dichtung, 1972 u. a. der Grillparzer-Preis.

Aus dem Erlös seiner Bücher, mit Krediten, nachdem er auch für das österreichische Unterrichtsministerium kreditwürdig geworden war sogar mit einem größeren staatlichen Kredit, erwirbt er Anfang 1965 einen Bauernhof. Ein altes Gebäude, in einer ähnlichen Landschaft wie seine Flachgauer Heimat gelegen, wo der Großvater sein Haus aufgrund seiner «freien» Schriftstellerexistenz verloren hatte. Bernhards «häusliche» Existenz nimmt sich, wie man sehen wird, beinahe so vielschichtig und bedeutungsgeladen aus wie seine literarische Welt.

Die Rettung der Schönheit
Bauen, sanieren – und alles, was damit zusammenhängt

Im Jänner 1965 schloß Thomas Bernhard mit dem Realitätenhändler Karl Ignaz Hennetmair den Kaufvertrag über die Liegenschaft Obernathal 2 im Gemeindegebiet von Ohlsdorf bei Gmunden ab. Ein typischer Traunviertler Vierkanthof mit anhängigem Grundbesitz, das Anwesen in einem desolaten Zustand, ging auf den Schriftsteller über. Die Hauptgründe für den Kauf, *ganz zu schweigen von den Hunderten von Nebengründen*, seien medizinische und schriftstellerische gewesen. In dem weitgehend autobiographischen Prosaband *Ja* (1978) faßt der Erzähler die beiden wichtigsten Argumente für seine Ansiedlung in Ohlsdorf zusammen: daß er wegen seiner *Lungenkrankheit nur auf dem Land überleben könne* und daß er seiner Arbeit zuliebe das Leben in der Stadt geopfert habe.[236] Seine *Arbeit erforderte einen festen Platz*, es war ihm unerträglich geworden, *alle paar Tage oder Wochen den Aufenthaltsort zu wechseln und praktisch an keinem Orte länger als nur ein paar Tage und Wochen zu sein*[237], so der Erzähler, und nicht anders der Autor in seinen Interviews.

Thomas Bernhards Vierkanthof in Obernathal bei Ohlsdorf, Oberösterreich

Bernhards Haus auf dem Grasberg bei Reindlmühl, die «Krucka»

Das unterhalb von Wolfsegg gelegene Haus Bernhards, das «Haunspäun»

Nicht oft dürfte ein Hauskauf literarisch so weitreichende Folgen gehabt haben. Ein Autor macht sich an die Wiederherstellung eines verfallenen Gebäudes, legt selber mit Hand an, geht auf im Planen und Bauen – *Kein Mensch kann auch nur ahnen, was es bedeutete, aus dieser Ruine ein bewohnbares Haus zu machen* [238] –, und nach sieben Jahren sind es insgesamt drei alte Häuser, die Bernhard über Hennetmairs Vermittlung erworben und wiederhergestellt hat: neben dem Vierkanthof in der Nähe von Ohlsdorf ein Haus auf dem Grasberg bei Reindlmühl, die sogenannte Krucka, 1971, und Ende 1972 ein Haus in Ottnang, das «Haunspäun», Niederpuchheim 13, mit Blick auf das nicht weit entfernt gelegene Schloß Wolfsegg. Nach weiteren sieben Jahren, also um 1980, liegt ein Prosa-Werk vor, in dem Häuser und Bauprojekte und Gebäudekomplexe einen in der deutschsprachigen Literatur einmaligen Platz und schriftstellerischen Rang einnehmen. In Bernhards zweitem Roman, *Verstörung* (1967), schon vom Haus- und Grundstücksbesitzer verfaßt, zwar nicht in Obernathal geschrieben, sondern im Sommer 1966 in Brüssel bei seinem Freund Alexander von Üxküll in der Rue de la croix, ist der Hauptschauplatz die Burg Hochgobernitz: ein Gebäudekomplex, der – und hier spielt Bernhard auf Ludwig Wittgensteins «Tractatus» an – die *Form der Welt hat. Sein Denken und Handeln sei ihm immer, zeitlebens, ein solches aus seinen Grundstücken heraus gewesen, a u s H o c h g o b e r n i t z h e r a u s,* heißt es vom Fürsten in *Verstörung*: *Du kannst in die Wissenschaften, wenn du magst, in die Künste, hineingehen, du führst alles immer auf deine Grundstücke, auf Hochgobernitz zurück.*[239] War bisher im Werk Thomas Bernhards die Landschaft der Schauplatz der Menschengeschichte – *Hier ist jeder Stein für mich eine Menschengeschichte*[240] –, so sind jetzt Grundstücke und Gebäudekomplexe das G r u n d thema. *Meine Grundstücke sind meine Themen*, sagt der Grundbesitzer in *Attaché an der französischen Botschaft*, wie der *Philosoph i m m e r a l l e P h i l o s o p h i e n d u r c h s c h a u t*, bestehe seine *Kunst* darin, *immer alle Grundstücke zu durchschauen*[241].

Die Einzelnen und ihr Eigentum sind von nun an in den Erzählungen und Romanen «alles, was der Fall ist»[242], ob das nun *Ungenach und alles Ungenach Betreffende*[243] ist, *Altensam und alles, was damit zusammenhängt*[244], oder *Wolfsegg, wie es liegt und steht und alles Dazugehörende*[245].

Auch der drei Jahre nach *Verstörung* erschienene Roman *Das Kalkwerk* (1970) führt in ein Gebäude als Lebensform: das aufgelassene Kalkwerk in Sicking, das von der Hauptfigur des Romans als Rückzugskerker für sich und seine Frau konzipiert und hergerichtet wurde. Mit größtem Verständnis für die Eigentümlichkeit der Architektur wird das Gebäude umgestaltet; mit einer auf den Wiener Architekten Adolf Loos anspielenden Wut werden die Schnörkel und der Zierat, *Kennzeichen zweier geschmackloser Jahrhunderte*[246], von den Wänden geschlagen, als wären sie ein Verbrechen. Abgeschlossen von der Welt möchte Konrad in

Das einstige Kalkwerk «Unterm Stein» am Traunsee, das der Autor noch kannte und in seiner literarischen Topographie verewigte: «gegen Norden aber grenzte das Kalkwerk wie auch gegen Westen ideal ans Wasser, gegen Süden ideal ans Felsgestein» («Das Kalkwerk», S. 21)

diesem ausschließlich seinen Zwecken unterworfenen Gebäude nur für seine naturwissenschaftliche Studie über das Gehör leben. Als Bernhard an diesem Roman schrieb, gab es noch das stillgelegte Kalkwerk auf der anderen Seite des Traunsees bei Gmunden, ein merkwürdiger alter Bau, der sich geradezu, wie der Autor selber bestätigt hat, als Schauplatz für einen seiner Romane aufdrängte.[247]

Von nun an sind fast alle Häuser und großen Liegenschaften im Werk Bernhards in der näheren Umgebung seines oberösterreichischen Hauptwohnsitzes zu finden, wenngleich er in Obernathal weniger gut arbeiten konnte, als er sich das ursprünglich gedacht hatte, und am liebsten zum Schreiben in den mediterranen Süden ging. Mit dem Blick aufs Mittelmeer hat er, vor allem in den Wintermonaten, in Hotelzimmern in Jugoslawien, Spanien oder Portugal die finsteren Landschaften und kerkerhaften Gebäudekomplexe Oberösterreichs literarisch aufzulösen und auszulöschen versucht – Wolfsegg, Peiskam, Altensam, Ungenach usf. –, und sie doch in seinem Schreiben erst als unvergleichliche literarische Realität erschaffen.

Für Bernhards Hof in Obernathal ist das kolportierte Bild eines «Arbeits- und Einsamkeitskerkers» mit kahlen Räumen genausowenig haltbar wie die finstere Gebirgsgegend, in der man den als «Untergangshofer» oder «Alpen-Beckett» titulierten Autor in den Feuilletons ansiedelte. In Wirklichkeit liegt Obernathal nur ein paar Autominuten vom nächsten Anschluß an die Autobahn Wien–Salzburg entfernt. Eine moderne Papierfabrik, Steyrermühl, steht in der Nähe, und Anfang der siebziger Jahre drohte ein paar Meter neben seinen Fenstern der industrielle Fortschritt in Form einer großen Schweinemastanstalt endgültig einzuziehen. Etwa fünf Kilometer südlich liegt Gmunden am Traunsee, eine der schönsten Städte des Salzkammerguts. Etwas von der Atmosphäre einer Sommerfrische der k. u. k. Monarchie hat sich in Gmunden erhalten, ein paar Kaffeehäuser gibt es dort, in einem war Bernhard Stammgast. Von der Bahnstation hinunter ins Zentrum in der Nähe der Schiffsanlegestelle führt seit Kaisers Zeiten eine Straßenbahn. Für ihre Erhaltung hat Thomas Bernhard seinen letzten Leserbrief verfaßt. Vor 150 Jahren hielt sich Nikolaus Lenau gern in Gmunden auf, und der von Thomas Bernhard geschätzte Adalbert Stifter sah einmal den Inbegriff biedermeierlichen Glücks in «zwei wunderschönen Landhäusern» am Traunsee-Ufer.[248]

Betritt man heute Bernhards Hof in Obernathal, fühlt man sich an Goethes Haus am Frauenplan in Weimar erinnert. Lange Zimmerfluchten, die Interieurs überlegt gestaltet. Nur ist Goethes bewußte Farbge-

Thomas Bernhard im Obernathaler Hof, 1981

«Jedes Detail an den alten Bauwerken ist mit Liebe gestaltet, hatte ich zu Gambetti gesagt, mit der größten Behutsamkeit, mit einem Kunstverstand und mit dem größten Geschmack auch in den sogenannten Nebensächlichkeiten» («Auslöschung», S. 167)

bung der Räume bei Bernhard auf die Farbenlehre des Voralpenlands abgestimmt: Schwarzgrün, Weiß und Braun dominieren[249], und der Stil läßt eher an einen landadeligen Herrensitz denken als an ein klassizistisches Bürgerhaus. Hier wie dort ist jedes Detail einem strengen architektonischen Kunstwillen unterworfen, wodurch auch die Wohnform den Eindruck jener Stildisziplin vermittelt, die wir aus ihren Sprachwelten kennen – und die den Künstler vom sammelnden Dilettanten unterscheidet. Wie bei Goethe ist der Weinkeller bestens bestellt, die Küche könnte von einem rührigen Gastgeber und Gourmet sein, der gern für dreißig Leute kocht. Der Antiquitätenliebhaber Bernhard zeigt sich durch die vielen alten Schränke und noch mehr Betten, in denen nur selten Besucher hatten übernachten dürfen. Die Schuhsammlung deutet auf den Schuhfetischisten, der später den Schuhkauf in fremden Städten auch als Verschnaufpause für seine angestrengten Lungen genützt haben mochte. Insgesamt überrascht eine Liebe für schönes altes Mobiliar, für selbstentworfene Einrichtungsgegenstände, sorgfältig restaurierte alte Gegenstände, Türen und Fenster, als wäre der Schriftsteller durch die Schule des Freiherrn von Risach in Adalbert Stifters «Nachsommer» gegangen. Der restaurative Schönheitsdienst, dem Bernhard über weite Strecken der sechziger und siebziger Jahre neben seinem Schreiben die meiste Zeit gewidmet haben dürfte, ist aufschlußreich für seine ästhetische Intention: die Sisyphusarbeit der Rettung alter Schönheit und Formgewißheit in einer immer häßlicher werdenden Welt. Dieser konservative Aspekt seiner Ästhetik wird meistens wegen ihres streitbaren Auftretens übersehen. Schon in Bernhards erstem Roman am Anfang der sechziger Jahre werden aber, durchaus in einer an Stifter erinnernden Sprache, die Zerstörungen einer alten dörflichen Kulturlandschaft anhand des Kraftwerksbaus in der Nähe von Weng erwogen. Die geradezu repräsentativen Gesprächspartner: ein Bauingenieur, ein Maler und ein junger Medizinstudent. Von *Frost* bis in die letzten Werke Thomas Bernhards wird die Zerstörung des Schönen als Beispiel für eine unbewohnbar gewordene Welt in den Blick gerückt. Die Gespräche im zweiten Teil von *Heldenplatz* kommen einige Male zurück auf die neue Straße, die durch den alten Garten des Schusterschen Besitzes in Neuhaus gebaut werden soll – *überall wird alles vernichtet / überall wird die Natur vernichtet / die Natur und die Architektur / alles / Bald wird alles vernichtet sein / die ganze Welt wird bald nicht mehr wiederzuerkennen sein* [250]. Ähnlich im *Theatermacher* das Panorama einer durch Ökonomie und Politik häßlich gewordenen Gegend, wie sie Thomas Bernhard vor der Tür hatte: *An jeder Ecke / dreht es einem den Magen um / Wo ein Wald war / ist eine Schottergrube / wo eine Wiese war / ist ein Zementwerk / wo ein Mensch war / ist ein Nazi.*[251] So lag auch Bernhards letztem Leserbrief für die Erhaltung der Gmundner Straßenbahn eine Grundintention seiner Ästhetik zugrunde: die Rettung von letzten poetischen Relikten, die Bewahrung des Ungleichzeitigen in einer immer funktioneller und immer kälter werdenden Welt. Daß das nicht ohne Parodie des Leserbriefstils der Provinzzeitung abging, entwertet nicht den Inhalt, hatte vielleicht seine Notwendigkeit als Distanzierungsversuch vor der eigenen Betroffenheit.

Der Sinn von Bernhards jahrelanger Bautätigkeit in Obernathal und in den anderen ländlichen Häusern erschöpfte sich gewiß nicht in einer Stifterschen Restauration des Schönen. Wie bei allem in seinem Leben und Schreiben ging es Bernhard auch im Bauen und in der Gestaltung der drei Bauernhäuser, die als Eckpunkte eines Dreiecks von Wohnsitzen höchstens eine halbe Autostunde voneinander entfernt liegen, im Hin und Her zwischen den Baustellen und in der Koordination des laufenden Baubetriebs um die Ausbalancierung seiner unruhigen Existenz. In seinem Werk hat er sich ja gern im Bild des Seiltänzers und Equilibristen gedeutet.

Zu den drei Häusern kam noch die Gmundner Stadtwohnung in der Lerchenfeldgasse; im Nebenhaus wohnte sein Halbbruder, der Internist Dr. Peter Fabjan, der ihn, wenn erforderlich, rund um die Uhr medizinisch betreute. Hotels im mediterranen Süden erhielten mit dem Fortschreiten der Lungen- und Herzkrankheit, der schwierigen Balance der Körper- und Geistesverfassung und einer nicht zu stillenden Unruhe einen immer wichtigeren Stellenwert. Die Wohnung von Hedwig Stavianicek in Wien existierte für ihn bis zuletzt als großstädtischer Kontrapunkt zur oberösterreichischen Provinz weiter. So könnte man sagen, daß Bernhard im ständigen Hin und Her zwischen seinen Wohnsitzen den für die österreichische Literatur und Politik so folgenreichen Gegensatz von Wiener Metropole und Provinz in einer spannungsreichen Bewegung aufhob. Im Lebenskunstwerk seiner Wohnformen überwand er den starren, politisch funktionalisierten Antagonismus von Stadt und Land in einem produktiven Sowohl-Als-auch und Einerseits-Andererseits. Nicht nur im Schreiben, auch in der Lebensform fanden bei ihm die ländliche Welt seiner eigenen Herkunft und die literarische Welt seines Großvaters, des Heimatschriftstellers Johannes Freumbichler, mit der urbanen Moderne Wiens in einer ungewöhnlichen, neuen Form zusammen.

Am Beginn des Romans *Korrektur*, dem großen Roman des Bauens, in der ersten Hälfte der siebziger Jahre verfaßt, 1975 erschienen, steht als Motto ein Satz über die statische Balance *eines Körpers*, der, wie alle Sätze über Gebäude und bautechnische Zusammenhänge, mit der Abstützung des körperlichen und seelischen Gleichgewichts zu tun hat: *Zur stabilen Abstützung eines Körpers ist es notwendig, daß er mindestens drei Auflagepunkte hat, die nicht in einer Geraden liegen, so Roithamer.* Etwas bauen, das heißt für Roithamer, das *Ungeheuerliche* des eigenen Lebens selber in die Hand zu nehmen. Der Bau des Kegels, zu dem Roithamer im Roman durch den Hausbau des Tierpräparators Höller an der Aurach-Engstelle inspiriert wird, ist sein Versuch einer großangelegten

Der Schriftsteller als Restaurator

Selbst-Konstruktion: *Und ein solches Ungeheuerliches als Kunstwerk, als Lebenskunstwerk, gleich was dieses Ungeheuerliche ist, und ein jeder Mensch hat die Möglichkeit zu einem solchen, weil seine Natur immer eine solche Möglichkeit ist, ist nur mit dem Ganzen, das man ist, anzugehen und zu verwirklichen und zu vollenden.*[252]

In der Zeit eigener intensivster Bautätigkeit schreibt Bernhard seine Apotheose des Bauens. *Es ist das Schönste, h ö c h s t e B e f r i e - d i g u n g, zu bauen, höchste Befriedigung unterstrichen,* zitiert der Erzähler aus Roithamers nachgelassenen Schriften: *Alle haben den Wunsch zu bauen, und alle, die bauen, haben diese Befriedigung.* Selbst *eine philosophische* oder *eine schriftstellerische Arbeit* zu *vollenden* gibt *nicht die höchste Befriedigung, nicht die Befriedigung, die wir haben, wenn uns ein Bauwerk gelungen ist.* Man habe *dann alles erreicht, was menschenmöglich ist.*[253]

Wenn Bernhard von einem seiner Bauprojekte zum anderen fuhr, kam er am Haus des Tierpräparators Alfred Höller an der Aurach-Engstelle vorbei. Wir finden das Haus, literarisch verwandelt, wieder in Bernhards großem Roman des Bauens; es ist dort eines der beiden literarischen Gebäude in *Korrektur*, die man nicht leicht vergessen wird: das Haus des Tierpräparators Höller am Fluß und Roithamers Wohnkegel mitten im Kobernaußerwald. Von den sinnfälligsten Zeichen ausgehend – ein Haus, vorn der reißende Fluß, dahinter der finstere Wald –, gestaltet Bernhard seine Gebäude als tiefsinnige Gleichnisse über das Verhältnis von Kunst und Natur und über die gefährdete Stellung des Ich, das, wenn man es so sehen will, eingezwängt ist zwischen der katastrophalen Gewalt der Geschichte und der Dunkelheit des Unbewußten. Dem Höller ging es darum, *ein Haus unter allen diesen Vernichtungsgesichtspunkten zu entwerfen und bauen* [254], ein Haus zu konstruieren, *daß es nicht weggerissen werden kann* und *daß es gegen alle Naturgewalttätigkeiten immun sei* [255]. Oben im Höller-Haus befindet sich die Dachkammer, Ort des Bewußtseins und der Reflexion der vielfältigen philosophischen Aspekte des Bauens, vor allem des so entscheidenden Verhältnisses von Kunst und Natur, denn die Baukunst ist im Roman *eine zuhöchst philosophische Kunst* [256]. Roithamers Projekt des Wohnkegels, den er für seine Schwester mitten im Kobernaußerwald errichten läßt, ist ja ein durch und durch philosophisches Projekt, allein schon dadurch, daß hier, wie oft bei Bernhard, Elemente der Biographie Wittgensteins, des bedeutendsten österreichischen Philosophen in diesem Jahrhundert, durchscheinen. Im Bau des logisch konstruierten Wohnkegels blendet Bernhard die damals aktuelle Diskussion um das sogenannte Wittgenstein-Haus in Wien ein, jene dreistöckige Villa in der Kundmanngasse, die der Wiener Sprachphilosoph gemeinsam mit einem Schüler von Adolf Loos für seine Schwester Margarete Stonborough entwarf und bauen ließ – und die Anfang der siebziger Jahre vom Abbruch bedroht war. Hermine Wittgenstein sprach nach der Fertigstellung dieses Gebäudes von «hausgewordener Logik», und Ludwig Wittgenstein selber schrieb rückblickend, daß dem Haus «das

Das Haus des Tierpräparators Höller an der Aurach-Engstelle, ein Gebäude, an dem der Schriftsteller oft vorbeikam, wenn er von seinem Hof in Obernathal zur «Krucka» bei Reindlmühl fuhr

Die sogenannte Wittgenstein-Villa in der Kundmanngasse in Wien. Ludwig Wittgenstein wollte das Bauwerk für seine Schwester «völlig in ihrem Stil, wenn auch in strengster geistiger Haltung und Enthaltsamkeit» errichten lassen

u r s p r ü n g l i c h e Leben» fehle, oder, wie er es mit Kierkegaard ausdrückte, «es fehlt ihm die Gesundheit».[257]

Abgesehen von dieser philosophiegeschichtlichen Anspielung vergegenständlicht das architektonische Konstrukt des Wohnkegels in *Korrektur* allgemeinere, für die Diskussion der Dialektik der Aufklärung aktuelle Fragen. Der Kegel, *ein wahnsinniges, blasphemisches, irrsinniges Bauwerk*, so Roithamer[258], stellt eine geschichtslose rationalistische Gegen-Utopie dar zum historisch und lebensgeschichtlich belastenden Komplex von Roithamers Herkunft aus Altensam. Denn Altensam ist, wie die anderen Herkunftskomplexe in Bernhards Werk – Wolfsegg in *Auslöschung*, Peiskam in *Beton*, Ungenach im gleichnamigen Prosaband – die mauerhaft gegenwärtige Geschichte des Ich und die Last ererbter Traditionen. Immer wieder begegnet in Verbindung mit den Namen für diese Gebäudekomplexe die Formel *und alles, was damit zusammenhängt: alles, das mit Altensam zusammenhängt, alles, das ist vor allem und in erster Linie unsere Herkunftsgeschichte, besteht diese Herkunftsgeschichte für uns auch aus nichts als Marter.*[259] In zweiter und dritter Linie sind das auch die übergroße Last der Tradition, das kulturelle Erbe Österreichs, der Alpdruck vergangener Geschlechter, den bereits die müden Spätgeborenen der Wiener Moderne um die Jahrhundertwende empfunden hatten. Vor der Last dieser Erbschaften retten sich Bernhards literarische Zentralfiguren in die Naturwissenschaften, um auf Distanz zu gehen, so wie sie geographisch im Ausland, meist in England (Cambridge) oder Amerika (Stanford), Abstand zu ihrer österreichischen Besitzlast gewinnen wollen. Die wissenschaftlichen Studien und Auslandsaufenthalte sind letztlich aber nur ein methodischer Umweg, der zum eigenen Herkunftskomplex zurückführt: *So habe ich, weil ich im Grunde nichts anderes hatte praktizieren wollen, als das Bedenken und Durchdenken meines Schauplatzes Altensam, Österreich etcetera, nach Cambridge gehen müssen. Insofern ist meine wissenschaftliche Arbeit in Cambridge immer nichts anderes gewesen als die Möglichkeit, in Cambridge über den Schauplatz, der mich am meisten interessiert hat, nachzudenken, ihn verarbeiten zu können in meinem Kopf, Altensam und alles, das mit Altensam zusammenhängt.*[260]

Mit dem Kegel, dem Geschenk für die geliebte Schwester, möchte Roithamer beweisen, *daß eine solche Konstruktion, die vollkommenes Glück verursachen muß, möglich ist* [261], so wie Altensam für ihn *nichts anderes* als das wirkliche Unglück gewesen ist: Altensam *als Geschichte als Marter, Herkunft als Marter, Gegenwart als Marter* [262]. Weil es aber in jenem logisch konstruierten Glücks-Bauwerk nichts Offenes mehr gibt, nichts, was nicht ausdefiniert wäre – das *Innere des Kegels wie das Wesensinnere meiner Schwester, das Äußere des Kegels wie ihr äußeres Wesen und zusammen ihr ganzes Wesen als C h a r a k t e r d e s K e g e l s* – erweist sich Roithamers architektonische Utopie als ein *tödlicher Prozeß* [263]. Die Schwester stirbt, nachdem sie das für sie gebaute Gebäude, den Wohnkegel, betreten hat. Roithamer läßt das Bauwerk verfallen, von der Natur zurücknehmen. Er selber erhängt sich in einer Waldlichtung. Die letzte Eintragung in seinem Manuskript, das sich *mit Altensam und mit allem, das mit Altensam zusammenhängt, unter besonderer Berücksichtigung des Kegels*[264], befaßt: *Das Ende ist kein Vorgang. Lichtung.* Es sind die letzten Wörter des Romans, die Konsequenz der verzweifelten Einsicht Roithamers, daß sich der Mensch nur im Tod von seinem Herkunftskomplex befreien kann: *[...] natürlich, der Mensch kann sich von gar nichts befreien, er verläßt den Kerker, in den er hineingezeugt und hineingeboren ist, nur im Augenblick seines Todes.*[265]

Drei Jahre nach *Korrektur* ist 1978 *Ja* erschienen, die Geschichte der Perserin, die es nach Ohlsdorf verschlagen hat. Bernhards Erzählung beruht weitgehend auf realen Begebenheiten; aber in der für den Autor charakteristischen semantischen Überlagerung der Personen, der Ereignisse und der Gebäude ist es nicht nur die reale Geschichte jener Maria Radson, die sich mit ihrem Mann, von einem Inserat des Realitätenhändlers Karl Hennetmair angesprochen, in der Nähe von Ohlsdorf niederlassen wollte. In die Gestalt der Perserin ist mindestens noch eine andere

Ingeborg Bachmann, in jenem Kostüm photographiert, das sie im Traum des Franz-Josef Murau in «Auslöschung» trägt: «Maria ist aus Paris zu uns gestoßen in einem verrückten Hosenanzug [...]. Eine schwarze Samthose, die mit großen Seidenmaschen unterhalb ihrer Knie befestigt war, dazu eine kardinalrote Jacke mit einem türkisfarbigen Kragen» («Auslöschung», S. 215)

damalige Besucherin von Bernhards Obernathaler Refugium eingegangen: Ingeborg Bachmann, die sich für einen Moment von Bernhards solitärer Lebensform angezogen fühlte und den Realitätenhändler Hennetmair Anfang der siebziger Jahre mit der Suche nach einem geeigneten Haus beauftragte, aber sich dann doch von Rom nicht trennen konnte und alle Pläne aufgab, während Bernhard seinerseits die räumliche Nähe nicht ausgehalten hätte. So blieb die persönliche Beziehung zwischen der bedeutendsten österreichischen Dichterin und einem der bedeutendsten österreichischen Dichter dieses Jahrhunderts eher episodisch. In seinem Werk führte Thomas Bernhard den Dialog mit Ingeborg Bachmann weiter, sogar die räumliche Nähe zwischen ihnen imaginierte er in *Auslöschung*, wo man zwar nicht in Obernathal oder Wolfsegg ein paar Schritte voneinander entfernt lebt, dafür aber in der Ewigen Stadt und in der Welt der Literatur. *Was wäre mir Rom wirklich ohne sie, dachte ich*, denkt sich der Österreicher Franz-Josef Murau aus Wolfsegg im Roman. *Ein Glück, daß ich nur ein paar Schritte zu machen habe, um mich an ihrer Gegenwart zu erfrischen, ein Glück, daß es sie gibt.*[266] Der Autor freilich hätte die allzu große Nähe in Wolfsegg oder Obernathal wohl nicht nur als Glück empfunden.

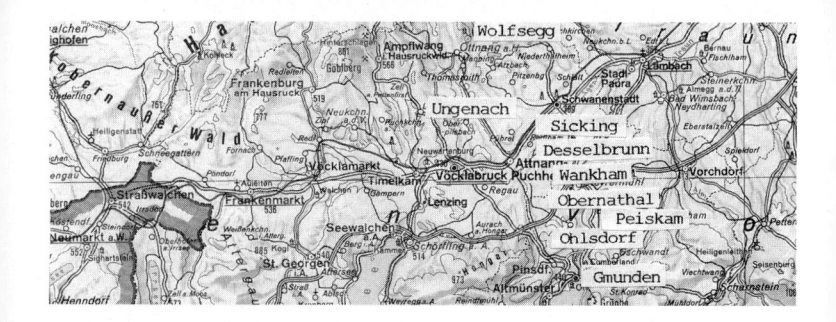

Den Prosaband *Ja* kann man vor allem aber als Bernhards biographischen Rückblick auf die Phase seiner eigenen Bautätigkeit und die Zeit des freundschaftlichen Umgangs mit dem Realitätenhändler Karl Hennetmair und seiner Familie lesen. In der Gestalt des Moritz und seiner Familie hat ihnen der Schriftsteller eine aufmerksame literarische Würdigung zuteil werden lassen. Die minutiös geführten Aufzeichnungen Karl Hennetmairs seinerseits dokumentieren die Geschichte dieses mehrjährigen freundschaftlichen Umgangs.[267] Bernhard war in den zehn Jahren zwischen 1965 und 1975 zuzeiten tagtäglich bei den Hennetmairs. Mit der Familie zusammen hat er gegessen, oft ist er bis spät in die Nacht geblieben. Man konnte sich dort ausschimpfen, die Bauarbeiten auf dem Hof besprechen, neue Hauskäufe ins Auge fassen.

In seinen Aufbahrungs- und Begräbnisphantasien, seinem «Lieblingsthema»[268], konnte er bei Hennetmair schwelgen, aufleben in immer neu erfundenen Bestattungsinszenierungen. Damals durfte er auch noch trinken, seiner Lust zum Feiern nachgeben. In der Silvesternacht 1972/73 steigt, so liest man in Hennetmairs Aufzeichnungen, der heiterste misanthropische Schriftsteller im Krachen der Silvesterraketen furzend in seinen Wagen, um, wie er sagt, als *ein Knallfrosch* zu seinem Anwesen heimzufahren. In der geborgenen Atmosphäre, die ihn in Hennetmairs Familie umgab, konnte Bernhard die bezauberndste Herzlichkeit an den Tag legen, zum *Umweltverzauberer* werden wie der junge Gambetti in *Auslöschung*. Seiten seines Ich, die bei ihm, wie viele seiner Freunde bestätigen, ebenso anzutreffen waren wie die schwarzen Depressionen, die Unzugänglichkeit und Verschlossenheit, die dann das Obernathaler Anwesen tatsächlich zum *Einsamkeitskerker*[269] werden ließen, zum Kerker, der, wie das Sickinger Kalkwerk im Roman, die Besucher vor den Kopf stößt: *Der Betrachter kehrt um und flüchtet, der Betreter oder Besucher verläßt es und flüchtet.*[270]

Sicher spielte in der Beziehung zu Karl Hennetmair dessen Tätigkeit als Realitätenvermittler eine wichtige Rolle. Das Geschäftliche hat auf Bernhard zeitlebens eine große Faszination ausgeübt. Oft ließ sich der Schriftsteller und gelernte Verkäufer von Hennetmair auf Geschäftsfahrten mitnehmen, blieb bei Verhandlungen im Wagen sitzen, um die Gespräche über Häuser und Grundstücke mithören zu können, ein reicher sprachlicher Fundus für einen Schriftsteller, der sich seine plebejische Komik auch in den höchsten geistigen Sphären zu bewahren wußte. Poetologisch beziehungsreich wird sich dann der Ich-Erzähler in *Auslöschung* als *literarischer Realitätenvermittler* bezeichnen.[271] *Grundstücke, Liegenschaften aller Art zu vermitteln*[272] mußte für den Schriftsteller, den das Terrain seiner Herkunft nie zu beschäftigen aufgehört hat, eine hintergründige Bedeutung annehmen.

Eine biographisch hintergründige «Realitätenvermittlung» bedeutete der Erwerb des Obernathaler Anwesens schon allein dadurch, daß Bernhard damit wieder in die soziale Sphäre seiner Vorfahren zurückkehrte und in eine Landschaft, die *tatsächlich Ähnlichkeiten, ja die gleichen Strukturen aufweist wie die Gegend*, aus welcher er stammte, *denn die Gegend, in welcher ich mich zurückziehen hatte wollen, um in meiner Wissenschaft weiterzukommen*, sagt der weitgehend autobiographische Erzähler in *Ja, mußte der Gegend, aus welcher ich komme, ähnlich sein.* Als freier Schriftsteller holte der Enkel von Johannes Freumbichler, der wegen seiner Existenz als Dichter in Henndorf alles verloren hatte und doch den Werten seiner ländlichen Herkunft verbunden blieb, das Erbe seines Großvaters zurück. Unter den *Hunderten von Nebengründen*, die Bernhard zum Kauf dieses Hauses in dieser Gegend bestimmten, lagen tiefreichende biographische Beweggründe. Der Wunsch, *Aufzuwachen und ein Haus zu haben …*, so der Titel eines Gedichts aus der ganz frühen Lyrik, die Sehnsucht, *einen Platz auf dieser Welt […] zu finden* und eine *eigene Landschaft [zu] gründen*, reichen an den Beginn seines literarischen Schaffens zurück.[273] Daß Bernhard mit Stall und Traktor den landwirtschaftlichen Aspekt seiner Liegenschaft hervorkehrte, hatte zweifellos auch mit den Autarkiewünschen einer Generation zu tun, die in der Zeit der Arbeitslosigkeit, von Krieg und Nachkrieg noch Hunger und drückendste Not erlebt hatte. Aber neben diesen generationsspezifischen Vorstellungen nahm die Geschichte der Häuser bei Bernhard, auch durch den Wiederholungszwang – drei nacheinander erworbene alte Häuser unter eigener Beteiligung saniert –, den Charakter einer «ursächlichen» szenischen Fixierung an die Vergangenheit an. Befinden sich doch die Häuser in dem bezeichnenden Zustand, den der Autor an dem Gebäude in Obernathal beschrieben hat: *In Wahrheit war mein Haus, wie ich es gekauft habe, nichts anderes, als ein durchlöchertes, schon beinahe zur Gänze abgefaultes Dach über brüchigen, wenn auch riesigen Mauern gewesen. Aber er war jung genug [...], um diese Ruine bewohnbar zu machen.* Er fühlte sich vom brüchigen Zustand des alten Gebäudes geradezu herausgefordert, es mit seinen *eigenen Händen* wiederherzurichten.[274]

Denkt man an die vielen Gleichsetzungen von Ich-Gebäude und Bauwerk in den literarischen Werken Bernhards, an Bernhards Sinn für räumliche Inszenierungen lebensgeschichtlicher Konflikte, könnte man sagen, daß er in den Sanierungsarbeiten auch den eigenen Zustand in die Hand zu nehmen versuchte. Je hinfälliger und zerbrochener die Gebäude sich ausnehmen, um so näher scheinen sie dem Autor zu stehen. Die Stadt Salzburg war ihm ja auch in dem einzigen geschichtlichen Augenblick *menschlich* nahegekommen, als im Krieg ihre Gebäude nach den Bombenangriffen zerbrochen dalagen. *Die Stadt machte auf einmal einen verkommenen Eindruck* und *nur mehr noch wenige Fensterscheiben in ihr ganz. – Die Häßlichkeit und der Verfall aber [...] gaben ihr auf einmal menschliche Züge*, und so habe er diese seine *Heimatstadt nur in dieser Zeit* auch *tatsächlich inständig lieben können*.[275] Selbst die imperiale Architektur des Doms erweckte als zerbrochene Ruine ein kreatürliches Mitgefühl, *wie wenn dem riesigen, das untere Stadtbild beherrschenden Bauwerk eine entsetzlich blutende Wunde in den Rücken gerissen worden wäre, schaute es aus.*[276]

Literarisch wird jetzt der praktische und philosophische Arzt, eine Hauptgestalt in Bernhards Werken der sechziger Jahre, vom praktischen und philosophischen Baumeister abgelöst. Aber eine dauerhafte Rettung vor dem Unglück des Lebens war weder vom einen noch vom anderen zu haben. Zuletzt war es dann doch wieder die Ruine, die *möglicherweise* noch einmal sein *Unglück* bedeutete, weil ihn die Sanierungsarbeiten darin *zugrundegerichtet* haben.[277] *Vielleicht wäre es besser gewesen*, so seine resignierende Einsicht, *ich hätte mir woanders eine Behausung gekauft, nicht diese Ruine, die möglicherweise mein Unglück bedeutete.*[278] Woanders wäre vielleicht das Glück gewesen, aber das hätte dann überhaupt ein anderes Leben sein müssen: denn *aus dem ureigensten Entschluß* – wir kennen die Bedeutung des Präfix ur- in diesem Zusammenhang – *existierte* er und *existiert* er *in diesem Gebäude*, in diesen *feuchten und kalten Mauern*[279], als müßte er in einem ungeheuren Wiederholungszwang, der seinem Schreiben die unbeirrbare Dynamik verleiht, zurückkehren zur «Ursache» seiner Existenz.

Nachdem die realen Gebäude wiederhergestellt sind, das Haus in Obernathal, das Haus auf dem Grasberg und das Haus unterhalb von Wolfsegg, geht Bernhard an die biographische Rekonstruktion der eigenen «Ursache», die Freilegung seines lebensgeschichtlichen Herkunftsterrains. 1975 kam *Die Ursache. Eine Andeutung* heraus, der erste Band seiner autobiographischen Erzählungen.

Schreiben «auf diesem tödlichen Boden»
Thomas Bernhard und Salzburg

Die 1975 mit *Die Ursache. Eine Andeutung* begonnene Reihe autobiographischer Erzählungen – fortgesetzt mit *Der Keller. Eine Entziehung* (1976), *Der Atem. Eine Entscheidung* (1978), *Die Kälte. Eine Isolation* (1981) und *Ein Kind* (1982) – entspricht durchaus der für die Literatur der siebziger Jahre charakteristischen Wiederentdeckung des Ich und seiner Geschichte. Einmal mehr zeigt sich hier Bernhards Fähigkeit, die Rezeptionsbedingungen in sein literarisches Kalkül einzubeziehen, gleichzeitig aber die Übereinstimmung mit den herrschenden literarischen Trends durch den ästhetischen Eigensinn seiner Texte und eine zwingend erscheinende lebensgeschichtliche und historische Konsequenz vergessen zu machen.

Der erste Band von Bernhards autobiographischen Erzählungen verlegt die «Ursache» von allem, was sein Ich ausmacht, in die Kriegs- und Nachkriegszeit in Salzburg. Die Stadt wird in dem Text metaphorisch derart mit dem Ich verklammert, daß sie eine unabweisbare räumliche Präsenz in dessen Bildungsgeschichte erhält. Ähnlich hat Sigmund Freud das Ich im Bild der Stadt Rom gedeutet. Mit der «phantastischen Annahme», Rom «sei» ein «psychisches Wesen», illustrierte er die Einsicht, daß «im Seelenleben nichts, was einmal gebildet wurde, untergehen kann», daß also im Ich «neben der letzten Entwicklungsphase auch alle früheren noch fortbestehen»[280]. In Bernhards autobiographischer Erzählung ist Salzburg *das deutsche Rom*. Mit wissender Ironie benennt der Erzähler damit den nationalsozialistisch-katholischen Gewaltzusammenhang, dem er als Kind in Salzburg ausgeliefert war. Die *Angst- und Schreckensfestung* seiner Kindheit, seine *Charakter- und Geistesentwicklungsstadt*, die *Stadt, die sein ganzes Wesen durchsetzt und seinen Verstand bestimmt hat*[281], wird zu einem Raum, der das Ich-Gebäude bis ins Innerste strukturiert: *[...] alles in mir (und an mir) aus ihr und ich und die Stadt sind eine lebenslängliche, untrennbare, wenn auch fürchterliche Beziehung. Denn tatsächlich ist alles in mir auf diese Stadt und auf diese Landschaft bezogen und zurückzuführen, ich kann tun und denken, was ich will, und diese Tatsache wird mir immer noch stärker bewußt, sie wird mir eines Tages so stark bewußt sein, daß ich an dieser Tatsache als Be-*

wußtsein zugrunde gehen werde. Denn alles in mir ist dieser Stadt als Herkunft ausgeliefert.[282]

Wenn Bernhard schreibt, daß alles in ihm *auf diese Stadt und auf diese Landschaft bezogen und zurückzuführen ist* und daß die *Schönheit dieses Ortes und dieser Landschaft* für ihn *genau jenes tödliche Element auf diesem tödlichen Boden* ist[283], wäre dann nicht die ästhetische Besonderheit seines literarischen Werks zurückzuführen auf die vertrackte Beziehung von Schönheit und tödlicher Macht in diesem kulturellen und geschichtlichen Raum?

Das besondere Wesen und die absolute Eigenart seiner *Mutter- und Vaterlandschaft aus (berühmter) Natur und (berühmter) Architektur* mußten den künstlerisch begabten, musikalisch-poetisch gestimmten Jüngling in Salzburg zutiefst angesprochen haben. Viel länger, als es der Autor der autobiographischen Texte wahrhaben will, dauerte es, bis er sich dem fromm-naiven Salzburg-Mythos entziehen konnte. In seinem dichterischen Werk aus den frühen fünfziger Jahren steht die Stadt ohne die Spuren der vorangegangenen Zerstörung vor uns, in konventionellen Reimereien über Kirchen, Klöster und Gassen in Salzburg. *Ihr hellen Türme in der klaren Frühe* usw., *es greift des Domes Kuppel in den Raum / Und wirft den Schatten ruhig, ohne Mühe* usf.[284] Seinen eigenen literarischen Ausdruck findet der Autor erst, wenn er durch die Rezeption der modernen Literatur seine lebensgeschichtlichen Erfahrungen aus der konventionellen Verharmlosung befreien lernt und den Bruch vollzieht mit dem traditionellen Salzburg-Bild.

Von Hugo von Hofmannsthal stammt das Wort von der «Stadt als Theater», «denn die Landschaft spielt hier so der Architektur entgegen, die Architektur hat sich so leidenschaftlich theatralisch der Landschaft bemächtigt, daß die beiden Elemente zu trennen undenkbar wäre»[285]. Salzburg sei der ideale Schauplatz des «theatrum mundi», des «Großen Welttheaters» in der Barocktradition. Auf dem Domplatz, «diesem Ganzen aus Natur und Baukunst», finde man eine ideale Szenerie für musikalisch theatralische Festspiele. Wie «ein Selbstverständliches» hätten hier «das Sinnbildliche, das Lustige, die Musik» und Tod und Teufel ihren Platz.[286]

In Bernhards literarischer Phantasie sind die verschiedenen Zeitschichten und kulturellen Sphären, Formen und Figuren dieses barocken «Todesmuseums» auf eine geradezu unheimliche und im nächsten Moment wieder komische Weise gegenwärtig. Selbst seine charakteristische literarische Sprache, ihr zeremonieller Ernst und ihre volkstheaterhafte Komik, ihr parodistisches und ihr musikalisches Element, scheint *auf diese Stadt und auf diese Landschaft bezogen und zurückzuführen*. Kein anderer Autor, bei dem die Litanei so unüberhörbar eine Grundschicht des Monologisierens bildet, kein anderer Autor, bei dem die Theatermetaphorik derart barockhypertrophe Formen angenommen hätte wie bei Bernhard. Alles kann für ihn zu Maske, Rolle oder Schauspiel werden: die Welt ein einziges Theater, wo jeder seine Rolle spielt, bis er aus ihr heraustirbt. Geboren werden heißt, in ein Schauspiel gestoßen werden, das man sich nicht ausgesucht hat. Im Schein der Totenkerzen, die aus dem angrenzenden Aufbahrungsraum in den Theaterschuppen fallen, betrachtet man in *Der Italiener* die Kostüme der Schauspieler, die *Kostüme der Reichen* und die *Kostüme der Armen, die Kostüme der Erhabenen* und *die Kostüme der Lächerlichen*.[287] Das Sterbezimmer im Salzburger Landeskrankenhaus erscheint diesem melancholischen Blick als Theaterfundus, die Sterbenden an den Schläuchen als alte, schäbige Puppen eines anderen Salzburger Marionettentheaters. Er habe gedacht, heißt es in *Der Atem, daß alle Menschen eines Tages zu Marionetten werden müssen und auf den Mist geworfen und eingescharrt oder verbrannt werden, ihre Existenz mag davor wo und wann und wie lang auch immer auf diesem Marionettentheater, das die Welt ist, verlaufen sein*[288].

«Die Stadt als Theater», so Hofmannsthal, das ist sie bei Bernhard nur mehr in einem fürchterlichen Sinn. Die Bezirke der Stadt und die Etappen der eigenen Lebensgeschichte werden in den autobiographischen Erzählungen als verschiedene Kreise der Hölle gedeutet. Die Großväter als *die Lehrer*, schreibt der Enkel des Salzburger Heimatdichters und Schopenhauer-Lesers Johannes Freumbichler, zeigen den höllischen Aspekt der Weltbühne, sie *erschaffen seit Jahrtausenden den Teufel, wo ohne sie nur der liebe Gott wäre*[289].

Auf der Erde und in der Hölle war schon der Titel von Bernhards erstem Gedichtband, auf den er *In hora mortis*, lyrische Meditationen in der Tradition barocker Sterbebücher, folgen ließ. Wie allegorische Grübelbilder inszeniert er später noch in den autobiographischen Erzählungen die Orte philosophischer Meditation, den Friedhof, besonders den Sebastiansfriedhof in Salzburg, für ihn *der unheimlichste und dadurch faszinierendste*, der *bevorzugte Platz* seiner Weltbetrachtungen. *Stundenlang saß ich auf irgendeiner Grabeinfassung und grübelte über Sein und sein Gegenteil nach*, aus den halbgeöffneten Grüften strömte *eine furchtbare*, ihn *ängstigende Kälte*.[290]

Viele Bernhard-Stücke folgen dem Muster des Salzburger Jedermannspiels, nur ohne abschließende Erlösung. Die Handlung läuft aus in ein gemeinsames Essen und Trinken, manchmal ein festliches Gelage, bei dem der Tod an einen der Mitspieler herantritt und ihn aus dem Kreis heraussterben läßt. Wie gegenwärtig diese Grundmuster im kulturellen

Gedächtnis Bernhards sind, zeigen seine Interviews. Die *Monologe auf Mallorca* (1981), sie gehören neben den anderen Bernhard-Aufnahmen Fleischmanns[291] zum besten dieses mündlichen Genres, führen im virtuosen sprachlichen Assoziieren vor, was der Autor meinte, wenn er sich als eine *österreichische* oder als eine *katholische Existenz* bezeichnet hat. Spricht er zum Beispiel über Weltpolitik, gleich erscheint ihm das politische Spiel der Mächtigen als *Jedermannsspiel*, die Politiker als *dicke Vettern, gute Gesellen* oder *lustige Figur: Alles, was auf der Welt ist, ist ja ein Schauspiel.*[292] Mit einer unglaublichen Geistesgegenwart bewegt er sich im sprachlichen Fundus kultureller Traditionen, einmal im Sprachkleid des barocken Trauerspiels und im nächsten Moment schon wieder im Sprachwitz der plebejischen Volkstheaterkomik. Der Tod sei für ihn *so eine Schleppe, die er, wenn er gehe, hinter sich hertrage, das heißt, ich trag sie nicht, sie hängt an mir, und ich zieh' sie hinten nach*. Eine Anspielung ergibt die andere, über seinen Hausphilosophen Pascal kommt Bernhard auf den Tod im Salzburger «Jedermann», den er zu Hause in Österreich ständig vor sich habe, *wenn ich heimkomm', steht er schon da mit seiner schwarzen Hand, und ich geh bei der Tür hinein – ich seh' ja eh immer, wenn ich bei mir bei der Tür' hineingeh', diese Curd Jürgens-Hand, – das ist der Schauspieler, Sie kennen ihn, den Tod in Salzburg mit diesen Knochenfingern*[293].

Die Grundlage und den ersten überwältigenden Eindruck dieser theaterhaften Ästhetik katholischer Provenienz habe das Kind, liest man in der letzten autobiographischen Erzählung, im Gottesdienst kennengelernt. Damals war das noch das vorkonziliare, gegenreformatorische Gesamtkunstwerk mit überwältigendem Sinnenzauber, lateinischen Gebeten, silberbeschlagenen Talaren, zeremoniellen Bewegungen, Weihrauch, Musik – ein Apparat, der mit seinen symbolischen Demutsritualen auch der Sozialdisziplinierung diente: der sinnliche Schein der katholischen Theaterästhetik als Elementarunterricht in der Schein-Heiligkeit.[294] Das Kind *begriff das Schauspiel* zwar noch nicht, aber es wurde *an den Tod* erinnert. Die *Wörter Asche und Ewiges Leben* setzten sich in seinem Kopf fest. *Das Schauspiel zog sich in die Länge, die Komparserie bekreuzigte sich. Der Hauptdarsteller, der Dechant gewesen war, gab seinen Segen. Die Assisten-*

Totenkopf-Reliefs auf dem Sebastiansfriedhof in Salzburg. «Nur manchmal, zur Erpressung, zeige ich ein paar Totenköpfe» (Thomas Bernhard)

ten buckelten alle Augenblicke, schwangen die Weihrauchfässer und stimmten ab und zu mir unverständliche Gesänge an. Mein erster Theaterbesuch war mein erster Kirchenbesuch, in Seekirchen bin ich zum erstenmal in eine Messe gegangen. Lateinisch! Vielleicht war das das Höchste, von dem mein Großvater geprochen hatte? Am liebsten hatte ich die von mir so genannten Schwarzen Messen, die Leichenmessen, in welchen die absolut vorherrschende Farbe Schwarz war, hier hatte ich die schauererzeugende Tragödie zum Unterschied von dem normalen sonntägigen Schauspiel mit seinem versöhnlichen Ausgang.[295]

Bernhards «theatralische Sendung» führte zunächst nicht in die Schauspielabteilung des Salzburger Mozarteums, sondern durch das barockkatholische Schauspiel der Salzburger Messen und Hochämter, wo er, als Sänger, mit einer schönen Baritonstimme ausgestattet, *an vielen Sonntagvormittagen die Messe* sang. Als Siebzehnjähriger, in der Zeit der Verkäuferlehre, hatte er den Musik- und Gesangsunterricht aufgenommen, bald sang er *die kompliziertesten Koloraturen in den schwierigsten Passionen und Oratorien*. Die lebensgefährliche Lungenerkrankung unterbrach die Musik- und Gesangsausbildung. Aber in der Kirche von St. Veit, in der Nähe der Lungenheilanstalt Grafenhof, sang er wieder im Chor der lungenkranken Patienten mit ihren *krächzenden, angefressenen Kehlen*, hingegeben an seine *einzige wahre Leidenschaft*, die Musik. *Da stand ich, mitsingend, mitschreiend, mitkrächzend. – Hinter mir hatte ich an der Wand die Partezettel der Toten, vor mir die lebendigen Sänger. Sie singen so lange, bis ihre Namen hinter mir an der Wand kleben, dachte ich.*[296]

Die Musik Mozarts hat Bernhard als seine *ureigene Welt* bezeichnet. Die «Zauberflöte», die erste Oper, die er gehört und gesehen habe, blieb ihm zeitlebens das liebste Werk der Opernliteratur. Gleich drei Partien habe er darin gesungen, *den Sarastro, den Sprecher und den Papageno*. Wahrscheinlich hatte ihn auch die Verbindung von Volkstheaterkomik und philosophischer Weltdeutung in dieser Mozart-Oper besonders angesprochen. Auf dem Mönchsberg habe er, heißt es in *Der Keller*, unter einem Baum der Festspiel-Aufführung der «Zauberflöte» in der am Fuß des Berges liegenden Felsenreitschule *ergriffen* gelauscht. *In dieser Oper, die ich in meinem Leben sooft als möglich gesehen und gehört habe, hatten sich mir alle musikalischen Wünsche auf die vollkommenste Weise erfüllt. Da saß ich unter dem Baum und hörte zu, und nichts auf der Welt hätte ich eingetauscht für diese Empfindung.*[297] Als er im Lungensanatorium in Großgmain lag, hatte ihm die Mutter bei ihrem Besuch das Libretto der «Zauberflöte» mitgebracht.

Zwanzig Jahre später, Bernhard hatte längst die Sängerlaufbahn aufgegeben, wurde bei den Salzburger Festspielen zum erstenmal ein Bernhard-Stück gespielt, *Der Ignorant und der Wahnsinnige* (1972). Im Mittelpunkt der Bühnenhandlung stand – «Die Zauberflöte». Dem höchsten Inbegriff der Kunst und der vollkommensten Kunstausübung wird der Tod konfrontiert, diesmal in Form einer Pathologievorlesung, die der Arzt dem Vater der Sängerin der Königin der Nacht hält. Die persönliche Geschichte der eigenen Erkrankung, die allgemeine Vernichtungserfahrung der jüngsten Vergangenheit und die Todesbilder, mit denen sein Salzburger *Todesmuseum* ausstaffiert ist, brachten den Autor dazu, das *Höchste der Kunst*[298] mit dem Bericht des Arztes über eine Leichenöffnung zu konfrontieren, das vollkommene Kunstwerk mit der offengelegten Natur des Menschen. Schemenhaft ist in den Bühnenfiguren, in dramatischer Verdichtung und Verschiebung, die biographische Konstellation Bernhards zu erkennen, mit dem schweigenden Vater, der im Alkoholismus verkommt, der Tochter, einer disziplinierten Koloraturmaschine, die die Künstlerschaft verkörpert, zwischen beiden der Arzt mit dem illusionslosen wissenschaftlichen Blick für das tödliche Ende. Im abschließenden Beisammensein mit der Sängerin der Königin der Nacht wird ihr ständiger Husten zum bangen Todeszeichen. Die totale Finsternis am Schluß des Theaterstücks ist der theatralische Kontrapunkt zu Sarastros aufklärerischem Sonnenreich der Vernunft, *der Schatten des Todes*, der den Autor, wie er in den Gesprächen auf Mallorca gesagt hat, *natürlich immer [...] begleitet*.

Die autobiographischen Erzählungen Thomas Bernhards sind fiktionale Texte. Man darf sie nicht an den Details der faktischen Wirklichkeit messen. Vor allem werden die Lebensgeschichte des Autors und die seines Großvaters erzählt, aber mit den literarischen Darstellungsmitteln, die sich der Autor in mehr als zwei Jahrzehnten künstlerischer Arbeit erobert hatte. Schon die Titel – *Die Ursache*, *Der Keller*, *Der Atem*, *Die Kälte* und *Ein Kind* – stellen literarische Leitwörter im ganzen vorangehenden Schaffen des Autors dar. Die raumhafte Inszenierung der Stationen seines Lebens, der Stadtraum von Salzburg in der ersten Erzählung, dann das Kellergewölbe des Lebensmittelgeschäfts in der Scherzhauserfeldsiedlung, die geschlossenen Räume von Krankenhäusern und Heilanstalten in den folgenden Erzählungen, zeigt die literarische Architektonik des Aufbaus. Die geschlossenen Räume werden in den Texten als verschiedene Abteilungen der Hölle, *Vorhöllen* und eigentliche Höllen, bezeichnet, Indiz für die fürchterliche «Wahrheit» dieses Lebens u n d für die große Rolle der «Dichtung» in Bernhards autobiographischer Darstellung. Nicht anders wird mit den Fakten verfahren, die der literarischen Inszenierung unterworfen werden.

Hat der Großvater des Dichters, Johannes Freumbichler, seine Lebensgefährtin Anna Bernhard wirklich kennengelernt, als er aus dem Fenster des Salzburger Priesterhauses in die gegenüberliegende Wohnung des Ehepaars Bernhard blickte? Natürlich nicht, aus dem einfachen Grund, weil Freumbichler nie das Priesterseminar besucht hat und so wenig im Priesterhaus gewohnt hat wie Anna Bernhard in der Priesterhausgasse. Aber die Szenerie mit dem Blick aus dem Fenster hatte für Bernhard eine andere, eine literarische Evidenz, so daß er den Beobachter am Fenster von *Weltenstück*, einem seiner ersten Gedichte, bis in den zuletzt veröffentlichten Roman *Auslöschung* dargestellt hat, wo wir die Hauptfigur am Fenster der römischen Wohnung mit Blick auf die Piazza Minerva ihre Beobachtungen anstellen sehen.

Jener Salzburger Schneider Karl Bernhard, mit dem Anna Bernhard zwei – und nicht drei – Kinder hatte, war auch nachweisbar nicht dreißig Jahre älter als sie. Aber anders als die faktische Wirklichkeit hat die Dichtung eine Vorliebe für die alten mythischen Zahlen «drei» oder «sieben» oder «dreißig». Und auch Bernhards persönlicher Mythos vom *Meermenschen*, nach dem er angeblich sein erstes Jahr auf dem Meer verbracht habe, ist eher Dichtung als Wahrheit. Und so war auch der Korb, in dem er von der Mutter und deren Freundin aus der Entbindungsanstalt in Heerlen herausgetragen wurde, in Wirklichkeit ein Koffer, aber ein Koffer hätte nicht älteste biblische Assoziationen frühen Ausgesetztseins anklingen lassen. Viele derartige Stilisierungen und Mystifikationen hat der französische Bernhard-Forscher Louis Huguet in jahrelanger Recherche mit den Fakten konfrontiert, nicht einfach, um jene richtigzustellen, sondern um den künstlerischen Charakter der autobiographischen Erzählungen bewußtzumachen. Das gilt auch für Bernhards Neigung zur Selbstnobilitierung und zur Stilisierung der Wohlhabenheit seiner Salzburger Verwandtschaft, um den modernen Gegensatz von Künstler und Bürger hervorzukehren. Nirgendwo finden sich in der Wirklichkeit die Verwandten, deren Häuser mit kostbarsten josephinischen Möbeln vollgestopft gewesen sind, dafür oft das Ende im «Versorgungshaus». Die amtlichen Urkunden über die Vorfahren und Verwandten Thomas Bernhards dokumentieren mit ihrer unpoetischen Sprache das übliche Elend einer üblen Zeit, uneheliche Kinder, wie es üblich war, die üblichen bodenständigen Berufe des Flachgaus: Bauer, Gastwirt, Fleischer, Selcher, Tischler, Greißler.

Doch heben sich im genealogischen Panorama einzelne Außenseiter ab. Der eine ist zerbrochen an der Aussichtslosigkeit der Dorfarmut und hat Schluß gemacht mit dem Leben, einen anderen hat das Abenteuer der Ferne gelockt oder eine ungewöhnliche Begabung aus der Dorfenge hinausgetrieben. Bilder eines Altarmalers aus der großmütterlichen Linie, eines gewissen Jakob Schönberg, also eines Urururgroßvaters von Thomas Bernhard, konnte Huguet in einem slowenischen Kapuzinerkloster ausfindig machen. Ein Said Edip Bey, dessen Name durch Bernhards Werk geistert, war mit einer Verwandten Johannes Freumbichlers verheiratet, mit Fernanda Russ, die als Tänzerin durch ganz Europa zog. Sie war die Tochter von Freumbichlers Schwester Maria, die es ebenfalls um die Jahrhundertwende aus Henndorf nach Wien gezogen hatte, wo sie den Maler Ferdinand Russ heiratete, einen Kunstmaler, der wohl in Petropolis in Brasilien als Fernando Russo um 1912 gestorben sein dürfte, aber, anders als bei Bernhard zu lesen ist, nicht als Größe des mittel- und südamerikanischen Kunstlebens, sondern unbekannt und ohne Spuren zu hinterlassen. Und nicht anders liegen die Dinge in anderen Erzählungen, die weitgehend autobiographischen Charakter aufweisen, in *Ja* zum Beispiel oder in *Wittgensteins Neffe*. Bernhard lag im Sommer 1967 tatsächlich im pulmologischen Krankenhaus auf der Baumgartnerhöhe im Pavillon Hermann. In der angrenzenden *Irrenanstalt «Am Steinhof»* sei sein Freund Paul Wittgenstein, der Neffe des berühmten Ludwig Wittgenstein, zufälligerweise gerade im *Pavillon Ludwig* gelegen. *Es war schon ein grotesker Gedanke, meinen Freund Paul ausgerechnet im Pavillon Ludwig zu wissen*[299] – ausgerechnet im Pavillon «Ludwig»! Weder damals noch heute tragen die Pavillons in der psychiatrischen Klinik «Am Steinhof» Namen.

Bernhards autobiographische Erzählungen lassen sich auch als Künstlerlegenden lesen, mit dem Großvater als Leitfigur, dem wahren Lehrer, dem Heiligen vom Ettersberg, als der er in *Ein Kind* imaginiert wird. Der Enkel folgt ihm auf dem Weg, den er ihm vorgezeichnet hat, durch ihn eingeweiht in die *Fürchterlichkeit schriftstellerischer oder überhaupt künstlerischer und geistig-philosophischer Bemühung*[300]. Biblische Züge nimmt Bernhards Darstellung des *fanatischen Schriftstellers und Philosophen* an: Vor dem Morgengrauen *begann er sich in die Pferdedecke zu wickeln und einen alten Riemen um seinen Körper zu schnallen* und *in seinem Zimmer den Kampf* aufzunehmen *mit der totalen Aussichtslosigkeit der Schriftstellerei*. Im Vorraum vor seiner Tür verfolgte der Enkel, noch im Bett liegend, *mit der Aufmerksamkeit des empfindsamen und liebenden, noch nicht mit allen grausamen Vergeblichkeiten und Hoffnungslosigkeiten vertrauten Enkels die Geräusche, die neuerliche Überwindung der Todesangst und den immer wieder von neuem begonnenen Verzweiflungskampf* des von ihm *wie keinem anderen geliebten Menschen, der sein sogenanntes Hauptwerk zu Ende gebracht haben wollte*.[301] Was Carl Zuckmayer schon anläßlich des Erscheinens von Thomas Bernhards erstem Roman geschrieben hatte, ließe sich auf die autobiographischen Erzählungen übertragen: Sie haben nichts Psychologisches, «vielmehr etwas von einer furchterregenden Legende oder einem schauerlichen Märchen, von der Geschichte eines mythologischen Martyriums»[302].

Die Biographik sei die säkularisierte Form der Heiligenlegende, hat Thomas Mann in seiner Rede zu Sigmund Freuds achtzigstem Geburtstag erklärt. Für die neuere Künstler-Autobiographie gilt dabei, daß sie das Verhältnis von Faktum und Fiktion, die Problematik von «Dichtung und Wahrheit» zu einem zentralen Thema macht. *Letzten Endes komme es nur auf den Wahrheitsgehalt der Lüge an*, heißt es in einer der vielen Reflexionen über dichterische Wahrheit und Lüge in Bernhards literarischen Lebenserinnerungen.[303]

So paradox es klingt, es ist gerade der fiktionale Charakter der autobiographischen Erzählungen, der sie so erschütternd realistisch und geschichtlich konkret erscheinen läßt. Die eminent literarische Inszenierung des eigenen Lebens und der Epoche führt nicht weg von der Realität, im Gegenteil, sie bringt erst jene geschichtliche Authentizität hervor, wo im einzelnen Leben die epochale Katastrophe durchscheint. *Auch ich war ein Kriegsopfer!*, schreibt Bernhard; seine Lungenkrankheit sei die Krankheit der Kriegsentbehrungen und Kriegsschrecken gewesen: *[...] jetzt, ein paar Jahre nach dem Krieg, waren wir doch nicht davongekommen, jetzt schlug es zu, hatte uns eingeholt, wie wenn es uns auf einmal urplötzlich zur Rechenschaft gezogen hätte. Auch wir durften nicht überleben!*[304]

Bernhard hat die epochale Vernichtungserfahrung mitten in die Stadt Salzburg hineinverlegt, in die barocke Kulturstadt par excellence. Exemplarischer kann man den Traditionsbruch, den die nationalsozialistische Vernichtungspolitik bedeutete, nicht vor Augen stellen. Schreibt er über die zerstörten Häuser der Stadt, ist immer zugleich von den zerstörten Menschen die Rede; *auf einem Schutthaufen oder auf einem Mauervorsprung sitzend*, sieht das erzählte jugendliche Ich *in die Menschenvernichtung hinein* und ist selber Opfer der tiefgreifenden Vernichtung, von der schon bald nach dem Krieg *niemand mehr weiß oder wissen will.*[305]

«Nach dem Zweiten Weltkrieg ist alles, auch die auferstandene Kultur zerstört», bemerkte Theodor W. Adorno zum «historischen Augenblick» in Becketts «Endspiel», es gebe nur das «Überleben auf einem Trümmerhaufen», einen Zustand der «Zerschlagenheit», über dem das Wort «kaputt» stehen könnte.[306] Die ersten Rezensenten haben diese historische Erfahrung in Bernhards Werk geahnt, wenn sie bereits zu *Frost* das «Endspiel im Salzburgischen» assoziiert haben. Es hat darum seinen geschichtlichen Sinn, daß Bernhard in der Reihe der autobiographischen Erzählungen nicht chronologisch den Stationen seines Lebens gefolgt ist, sondern an den Beginn die epochale Vernichtung gestellt hat, der er ab 1943, in der Zeit von Nationalsozialismus und Krieg, in Salzburg ausgeliefert war. Der totale Krieg, das ist in Bernhards Erzählung die letzte Konsequenz des *menschenumbringenden* Zustands, den er im faschistischen Salzburg erlebte, eine *erdrückende und erschlagende Atmosphäre*, in der sich für ihn die menschenfeindlichen Auswirkungen von Nationalsozialismus und Katholizismus verdichteten. Fortwährend besteht der Autor auf der Gleichsetzung von katholisch und nationalsozialistisch, spricht vom *katholisch-nationalsozialistischen, menschenumbringenden Zustand*, Ausdruck seiner eigensten Erfahrung und, bedenkt man die austrofaschistisch-katholische Welt Österreichs vor 1938 und die *Kontinuitäten* nach 1945, Ausdruck eines historisch rekonstruierbaren Zusammenhangs.[307] In dem bekannten Brief Stefan Zweigs an Romain Rolland vom 2. Mai 1938, Zweig hatte schon mehrere Jahre zuvor Salzburg verlassen, ist es eben der geschichtliche Zusammenhang von katholisch-autoritärem Ständestaat und deutschem Nationalsozialismus, unter dem der jüdische Schriftsteller besonders in Salzburg zu leiden hatte: «Salzburg, die Stadt, die am stärksten nazistisch war, die Stadt, die mich gedemütigt hatte – und die Stadt, die gestern als erste in Österreich unsere Bücher verbrannt hat. Ich wußte das, ich litt unter dieser Atmosphäre. Ich war angewidert von diesen Menschen, die man feierte, Innitzer, Dollfuß, selbst Schuschnigg.» Er habe schon vor 1938 «die Nazis kommen sehen», und er wußte, wenn er nicht weggegangen wäre aus Salzburg, wäre er «heute in einem Konzentrationslager oder schon ermordet».[308]

Wenn die barocken Fassaden und die schöne Kulturlandschaft Salzburgs nach dem Krieg längst wiederhergestellt sind, wird Thomas Bernhard nicht loskommen von der im schönen Bild der Stadt verdrängten Zerstörung. *Die Schönheit dieses Ortes und dieser Landschaft*, und vielleicht ist dieser Satz jetzt verständlicher, sind für ihn *genau jenes tödliche Element auf diesem tödlichen Boden. [...] Und gerade hier, auf diesem mir angeborenen Todesboden bin ich zu Hause und mehr in dieser (tödlichen) Stadt und in dieser (tödlichen) Gegend zu Hause als andere.*[309]

Bernhard, auch in der österreichischen Tradition mehr zu Hause als andere, hat nicht die österreichische Tradition, sondern den epochalen Bruch mit dieser Tradition ins Zentrum seiner Werke gerückt. Die Vernichtungserfahrung auf dem Boden seiner *Mutter- und Vaterlandschaft* ist das nie vergehende Trauma seiner Kindheit und Jugend. Daß das Wolfs-Eck des Faschismus in das große österreichische Erbe hineinreicht, ist die innere Handlung des Wolfsegg-Sujets von *Der Italiener*, zu Anfang der sechziger Jahre entstanden, bis zu *Auslöschung*, dem letzten publizierten Roman. Mitten in einer österreichischen Kulturlandschaft, in der Schloßanlage von Wolfsegg, liegt *das Massengrab*. Das große österreichische Erbe, selber fragwürdig genug, ist mit einer nie auszulöschenden Schuld behaftet. Im letzten Drama, in *Heldenplatz*, ist es immer noch die *menschenumbringende* Vergangenheit der NS-Zeit, die mitten in Wien, auf dem ominösen Platz in der Hofburg, für die jüdische Professorenwitwe tödliche Gegenwart geblieben ist.

Die Erfahrung, vernichtet weiterzuleben[310], die Bernhard in den autobiographischen Erzählungen als Signatur seiner Epoche beschreibt, führt ihn in den folgenden Prosawerken zur Thematisierung jüdischer Lebensläufe, die nun zum Gegenstand der Lebensskizzen und biographischen Studien seiner Romanfiguren werden. Im Erscheinungsjahr von *Ein Kind*, der letzten autobiographischen Erzählung, 1982, kommt *Wittgensteins Neffe* heraus, ein biographisches Porträt des genialen Außenseiters und österreichischen Juden Paul Wittgenstein, Nachkomme der Industriellenfamilie der Wittgensteins und Neffe des Philosophen. Ebenfalls 1982 erscheint *Beton*, eine Studie über Felix Mendelssohn-Bartholdy. In *Der Untergeher*, ein Jahr später veröffentlicht, hat der Erzähler einen biographischen *Versuch* über Glenn Gould im Kopf, während er sich gleich-

Aus dem Graphikzyklus «Die Ursache» von Helmut Kurz Goldenstein, 1990

zeitig in seinen Gedanken immer mehr in die Existenz Wertheimers verliert, der den ahnungsvollen Namen *der Untergeher* erhält. «Wertheimer, der Untergeher, wäre der vernichtete Thomas Bernhard, Glenn Gould, der Klavierspieler, der *hellsichtigste aller Narren*, wäre der gerettete Thomas Bernhard», hat Benjamin Henrichs in einer Rezension des Romans geschrieben. «Der eine dem Unglück verfallen, der andere mit der Kunst über das Unglück triumphierend. Schließlich der Erzähler: der unscheinbare Dritte, der blasse Bote, vom Unheil des einen, der Apotheose des anderen kündend.»[311]

Im Roman *Auslöschung* begegnet in ebendieser Zeit die Identifikation des Erzählers mit der *Eisenbergrichtung*.[312] In diesem historisch und kulturgeschichtlich anspielungsreichsten Roman Thomas Bernhards geht es um die im Schloß Wolfsegg architektonisch vergegenständlichte österreichische Geschichte und eine Kindheit in Österreich. Symptomatisch für diese auf ein Gebäude konzentrierte Erinnerungsarbeit ist die resignierte Einsicht des Erzählers, daß sich die sogenannte Kindervilla doch nicht mehr wiederherstellen lasse. Die Hauptfigur Franz-Josef Murau weiß, daß sich die Spuren der nationalsozialistischen Besetzung dieses Kindheitsraumes durch keine Restaurierung auslöschen lassen, und er vermacht das große österreichische Erbe, das Schloß Wolfsegg *mit allem wie es liegt und steht*, an seinen *Geistesbruder* Eisenberg von der Israelitischen Kultusgemeinde in Wien. Aber *Auslöschung* wäre kein Roman Thomas Bernhards, wenn nicht die große geschichtliche Geste ironisch in Zweifel gezogen würde, denn Franz-Josef Muraus moralische Selbstgefälligkeit und Selbsttäuschung verleihen der *Abschenkung* und *Auslöschung* von Wolfsegg jene komische Zwiespältigkeit, die den Roman zur Comédie humaine der österreichischen Geschichte unseres Jahrhunderts macht.[313]

Tullio Pericoli:
Thomas Bernhard

Totentanz, Schneefall und Weltengewitter
Die Theaterstücke

Als Thomas Bernhard in der zweiten Hälfte der sechziger Jahre an seinem ersten abendfüllenden Theaterstück, *Ein Fest für Boris*, arbeitete, bewegte er sich nicht auf einem für ihn neuen literarischen Gebiet. Er hatte zehn Jahre vorher am Salzburger Mozarteum die Schauspiel- und Regieklasse besucht und anschließend im Lampersberg-Kreis mehrere Kurzdramen verfaßt, von denen einige auch aufgeführt wurden. Aus einem dieser Stücke, *Die Erfundene*, ging *Ein Fest für Boris* hervor.[314] Dieses erste größere dramatische Werk, nach eigenen Angaben 1967 geschrieben, sollte zunächst *Die Jause* heißen – *aber das hätte keiner verstanden*[315]. Daß sich der seines österreichischen Idioms bewußte Autor von einem originären österreichischen Ausdruck hatte abbringen lassen, war eine Ausnahme, denn das österreichische Deutsch mit seiner charakteristischen Sprachmelodie, mit seinen lexikalischen Eigentümlichkeiten und reichen Stilfärbungen gehörte für ihn zur ästhetischen Besonderheit seines Werks.

Ob *Fest* oder *Jause*, zwischen den beiden Titel-Wörtern spannt sich das große Reich des Essens und Trinkens in Bernhards Theaterschaffen. Von der einfachen Jause bis zum karnevalistischen Fest spielt es als Strukturierungsmittel und thematisches Zentrum in seinem dramatischen Œuvre, das immerhin achtzehn größere Werke und fast ebenso viele Dramolette umfaßt, eine wichtige Rolle. Häufig schließt ein gemeinsames Essen, eine Geburtstagsfeier, ein Abendmahl, ein Fest seine Stücke ab.[316] Aber nie kommt dabei rechte Freude auf, weil der Tod immer mit von der Partie ist, die Misere der eigenen Existenz und die falsche Welt auch im bacchantischen Taumel nicht überwunden werden. Die Zeit steht nicht still, und der Tod wird nirgends besiegt, das Unrecht und der tagtägliche Verrat dauern fort, das dreimalige Krähen des Hahns durchschneidet – im Schlußakt von *Die Berühmten* – die lauten Tierstimmen der maskierten Damen und Herrn, die von ihren Dienerinnen und Dienern weiter bedient werden, bis schließlich einer der Jedermänner tot umfällt.

In der Mitte ein langer Tisch, an dem die Gute, Johanna, jetzt auch beinlos, und dreizehn beinlose Krüppel in Rollstühlen sitzen, heißt die Regieanweisung zum dritten und letzten Teil von *Ein Fest für Boris*, der mit

Szenenphoto aus der Uraufführung von «Ein Fest für Boris» am 29. Juni 1970 im Deutschen Schauspielhaus, Hamburg.
Regie: Claus Peymann, Bühnenbild: Karl-Ernst Herrmann

Das Fest überschrieben ist: *[...] wenn der Vorhang aufgeht, Boris' Geburtstag feiernd, essend, trinkend, rauchend, lachend. Ein dicker und ein dünner Diener dienend und schweigend, ein dicker und ein dünner Pfleger, aufpassend und schweigend.*[317] Zuletzt fällt Boris, der immer frenetischer auf seine Trommel schlägt, tot vornüber auf den Geburtstagstisch.

Vor dem Ruhestand. Eine Komödie von deutscher Seele (1979) schließt im dritten Akt mit einem kleinen familiären Fest, das man jedes Jahr anläßlich von Himmlers Geburtstag begeht; um den Geburtstagstisch versammelt die beiden Schwestern und ihr Bruder Rudolf Höller, Gerichtspräsident in der Bundesrepublik: *Rudolf schon leicht betrunken, in kompletter SS-Obersturmbannführeruniform mit Kappe, Pistole am Koppel und in schwarzen Schaftstiefeln am Speisetisch. [...] Alle drei essend und Sekt trinkend.* Mitten in der orgiastischen Wiederkehr der jüngsten Vergangenheit in der Gegenwart des Fests – *alles geht in unserem Sinne / es ist keine Frage längerer Zeit / und schließlich haben wir ja auch eine ganze Menge anderer / führender Politiker / die Nationalsozialisten gewesen sind*[318] – bricht der betrunkene Gerichtspräsident in der SS-Uniform zusammen, er *greift sich an die Brust und fällt mit dem Kopf auf die Tischplatte.* Das Stück spielt auf den erzwungenen «Ruhestand» des badenwürttembergischen Ministerpräsidenten Karl Filbinger an, dessen Tätigkeit als Marinerichter im Nationalsozialismus aufgekommen war und zum Ende seiner politischen Karriere geführt hatte. Der Ministerpräsident, der den Abgang des Schauspieldirektors Claus Peymann in Stuttgart betrieben hatte – er hatte Peymann als einen «Sympathisanten des Terrors» eingestuft –, wurde als Mittäter nationalsozialistischer Verbrechen bloßgestellt und mußte den Hut nehmen, bevor noch Peymann ging.[319]

Heldenplatz (1988), um ein weiteres Beispiel für dieses dramatische Grundmodell anzuführen, spielt in einem gänzlich anderen kulturellen Milieu, in einer jüdischen Professorenfamilie in Wien, und läuft aus in ein improvisiertes Abendessen im *Ausgeräumten Speisezimmer*. Wie schon in *Ein Fest für Boris* stirbt wieder eine der Zentralgestalten aus der Runde der am Tisch versammelten Gäste heraus.

Einen «bürgerlichen Totentanz» hat Claus Peymann die Gesellschaftssatiren Thomas Bernhards genannt und auf ihre Bedeutung hingewiesen: als «große Totentänze auf dem Höhepunkt oder am Ende einer Epoche» vermitteln sie einen «tiefen Einblick in den Zustand des Menschen in dieser Zeit, das heißt in den Zustand und die Vielfalt dieser vergehenden Epoche».[320] Die Maskierungen, Verkleidungen, das besoffene Gerede

«Vor dem Ruhestand», Uraufführung am 29. Juni 1979 im Württembergischen Staatstheater, Stuttgart.
Regie: Claus Peymann, Bühnenbild: Karl-Ernst Herrmann

Szenen aus einer mittelalterlichen Totentanzdarstellung

oder der Verlust der Selbstkontrolle haben in diesen grotesken Endspielen jeden utopischen Aspekt verloren. Wenn beim Essen und Trinken der Wein die Zungen löst, kommt das Gewesene zu Wort, *das fortwährende Gewesene*[321], das die Zukunft verstellt, als Verdrängtes im Fest hervorbricht und das katastrophale Ende nach sich zieht. Die wild geschlagene Trommel am Schluß von *Ein Fest für Boris* oder das entfesselte Geschrei der Massen, das in *Heldenplatz* das letzte Abendmahl in der ausgeräumten Wohnung übertönt, haben mit bacchantischer Entgrenzung so wenig zu tun wie Bernhards Welttheaterbilder mit der Erlösung im barocken «theatrum mundi».

Bernhards großes Theaterdebüt begann mit Claus Peymanns Inszenierung von *Ein Fest für Boris* im Deutschen Schauspielhaus in Hamburg. Das Stück war lange weitergereicht worden,[322] bis es der damals in Hamburg verpflichtete Regisseur im Herbst 1969 annahm und im Juni 1970 zur Uraufführung brachte. Ein Jahr später folgte beim «Steirischen Herbst 1971» die österreichische Erstaufführung unter Axel Corti, und ebenfalls 1971 fand eine Schweizer Erstaufführung unter Karl Fruchtmann im Schauspielhaus Zürich statt. Bernhards erstes Theaterstück gelangte, erst einmal entdeckt, gleich an die besten Theater-Adressen und mit Claus Peymann an einen Regisseur, der dann bei den meisten folgenden Bernhard-Dramen die Uraufführung übernahm.

Bereits zu Peymanns erster Bernhard-Inszenierung hat man angemerkt, daß die Regiekunst die fehlende Dramatik überspielen würde. Peter Rühmkorf schrieb 1971 in seinem Beitrag zur Bernhard-Debatte der Zeitschrift «konkret», daß *Ein Fest für Boris* nur eine glänzende Neuadaptierung von Becketts «Endspiel» darstelle, in der eines aber fehle: «die dramatische Qualität». «Neu gegenüber der Beckett-Szene» und dem «Symbol des verstümmelten Menschseins schlechthin» sei höchstens der inflationäre Gebrauch der Rollstühle – «vierzehn Roller, vier Geher». «Neu auch die Glanzpolitur, die das Stück zunehmend zum blitzeblanken Augenschmaus werden läßt.»[323]

Und doch, trotz der vierzehn Rollstühle und dem oft anzutreffenden

Grundmuster des Wartens auf jemanden[324], ist der Ursprung von Bernhards Theaterkunst nicht einfach in Becketts Werk zu finden – wenngleich der Einfluß des absurden und des surrealistischen Theaters in den fünfziger Jahren nicht nur an den Rollstühlen evident ist. Bei Bernhard aber gehören die Rollstühle zum literarischen Inventar seiner Stützkonstruktionen und Existenzmaschinen, die das «verdrängte Mechanische des Lebens»[325] ins Bild rücken. Und seine Dramensprache liefert nicht mehr nur die Bilder, sie ist selber grammatisches Bild der Mechanik des Lebens. Sie zeigt, was das einzelne Ich im Innersten zusammenhält und den anderen zum Anhängsel des eigenen Selbstbesitzes macht: Herrschaft, die auf Besitz beruht. Hugo von Hofmannsthal hatte in seinem «Jedermann»-Spiel vom Sterben des reichen Mannes eine allegorische Darstellung für das «Grundverhältnis des Lebens», das «Verhältnis des Menschen zum Besitz», gewählt, ein Verhältnis, das «alle übrigen» «durchsetzt» – «und es ist erschreckend, bis zu welchem Grade es sie alle bestimmt».[326] Fünfzig Jahre später dominiert im modernen Drama Bernhards die grammatisch-strukturelle Satire. Die Dramensprache führt vor, wie das Verhältnis *der Guten* zu Boris, ihrem Mann, auf Warenkauf und Besitz hinausläuft: *Wir sind ins Asyl und haben ihn uns ausgesucht / und ich habe ihn geheiratet.* Zu ihrer Dienerin Johanna sagt sie: *Sie haben ihn mir herausgetragen aus dem Asyl / heruntergetragen / durch den Park in den Wagen.* Und insistierend: *Es gehört mir allein / Boris gehört mir allein.*[327] Nur die stummen Gebärden der Zuneigung zwischen Boris und Johanna und der Aufschrei der gequälten Kreatur stellen im Stück einen Widerspruch zur universellen Sprache von Besitz und Geldmacht dar. Für Johannas Entsetzensschrei beim Tod von Boris hat *die Gute* nur ein *fürchterliches Gelächter* übrig.[328]

Bernhards Thematisierung der Besitzverhältnisse verbindet reale biographische Erfahrungen mit der Einsicht in die allgemeine Struktur der auf Besitz begründeten Macht über sich selbst und die anderen. Dem besitzlosen jungen Dichter, der lange Jahre von wohlhabenden Leuten ausgehalten wurde, dürfte oft genug vorgehalten worden sein, was in dem frühen autobiographisch gefärbten Prosatext *In der Höhe* in den Vorwürfen der Sängerin quasi im O-Ton hervorbricht, bei genauerem Hinsehen zugleich aber auch eine philosophische Selbstvergewisserung im Besitz darstellt: *wer sind Sie? woher sind Sie? was sind Sie?, ich habe Sie aus dem Schmutz aufgehoben, also kann ich Sie auch wieder in den Schmutz werfen: Ihre Hosen, Ihre Röcke, Ihre Strümpfe gehören mir, / alles an Ihnen gehört mir, wenn ich will, kann ich alles von Ihnen zurückverlangen, Sie besitzen gar nichts.*[329] Über den noch früheren Text *Der Schweinehüter* (1956) hatte Thomas Bernhard ein Motto gesetzt, das zu verstehen gibt, wie die Ärmsten in ihrer Sprache auf die falsche Ordnung hereinfallen, die alles übrige durchsetzt: «Dieser Hund gehört mir, sagten diese armen Kinder; das ist mein Platz an der Sonne ...» Das Zitat entlieh der Autor den «Pensées» des Pascal, wo es unter dem Titel «Mein, dein» zu finden ist. Die abschließende Wendung lautet dort: «Damit habt ihr Beginn und Urbild der widerrechtlichen Besitzergreifung der ganzen Erde.»[330] Das im Motto indirekt angesprochene Verhältnis des Einzelnen zu seinem Eigentum wird dann in der Erzählung im inneren Monolog des Schweinehüters in seiner ganzen Destruktivität entfaltet: *«Ich habe die Macht, mein Schwein zu töten.»* – *«Es ist mein Eigentum»*, sagt Korn, *«damit kann ich tun, was ich will. Es ist mein Schwein. Ich habe es mir gekauft, ich habe es gemästet, ich liebe es, ich hasse es und werde es verkaufen. Nur ich allein. Ja, nur ich allein!»*[331] Ähnlich wie in *Der Schweinehüter* ist auch im Prosatext *In der Höhe* der einzige Besitz des Ich-Erzählers ein Tier, ein Hund, gegen dessen kreatürliches Dasein sich die Ordnung des Habens, das «Urbild» der «Besitzergreifung der ganzen Erde», grell abhebt.

Ein Fest für Boris kehrt satirisch die auf Besitz beruhende Macht *der Guten* hervor. Das Stück läßt sich als Parabel auf die von Besitz und Geldmacht dirigierte große Scheinfreiheit in der Konsumgesellschaft verstehen. Sie kulminiert im abschließenden *Fest*, wo die eingeladenen Krüppel des Asyls in den Gemächern *der Guten* ein Stück vom großen Kuchen abbekommen, damit sie ihr Danklied auf *die Gute* anstimmen. In Bernhards allgemeiner Kritik, lesbar als Kritik der repressiven Toleranz und der infantilen Konsumgesellschaft im Umkreis von 1968, ist aber unverkennbar noch die biographische Komponente gegenwärtig: seine persönliche Abrechnung mit «den Guten», die sich der besitzlosen Außenseiter annehmen, um mit ihnen ihr frivoles Machtspiel zu treiben. Bei dieser satirischen Aufarbeitung der eigenen Lebensgeschichte hat zweifellos das Vorbild Jean Genets eine Rolle gespielt, für *Ein Fest für Boris* vor allem Genets Drama «Die Zofen». «Les bonnes», das ist im Französischen der Plural von «la bonne», wörtlich übersetzt «die Gute» – und so heißt die Zentralgestalt in Bernhards *Ein Fest für Boris*.[332]

Zu Genet, «Komödiant und Märtyrer», wie ihn Sartre genannt hat, könnte Bernhard besondere biographische Affinitäten empfunden haben. Selber von der Güte seiner Gönner abhängig, war ihm Genets Haß auf die Großzügigkeit, die von oben ausgeübt wird, sicher nicht fremd. Im zynischen *die Gute ist gut / die Gute ist eine Dame* in Bernhards Stück klingt bis ins Wort das «Madame est bonne» aus Genets «Les bonnes» nach. Auf dieser Ebene wird Bernhard fünfzehn Jahre später in *Holzfällen* (1984) die private Rache an seinen einstigen Förderern üben oder in *Heldenplatz* (1988) scharfsichtig die Rolle «der Guten» in den verschiedenen öffentlichen Rollen aufs Korn nehmen, den Papst etwa, der in *seinen Gemächern ein sogenanntes warmes Essen für Obdachlose* austeilt und *diese Tatsache weltweit verbreiten* läßt.[333]

Die satirische Kritik mit den Mitteln der Grammatik traf sich am Ende der sechziger Jahre mit der formalistischen Sprachkritik in der zeitgenössischen österreichischen Literatur. Damals stellte Peter Handkes «Kaspar» (1968) die große Sensation eines Theaters dar, das sprachliche Strukturen zum Hauptgeschehen auf der Bühne machte. Für Bernhard blieb der künstlerisch-formale Aspekt seiner Dramensprache keine episodische Erscheinung. In seiner an musikalische Kompositionsweisen erinnernden Sprache hob er die biographisch tief verankerte Liebe zur Musik auf, ohne in dieser «Poetik der prosaischen Musik»[334] die Not eines Sprechens zu verdrängen, das, nicht mehr von der Welt gehalten, in sich selber kreist, mit keinem Dialog mehr rechnet und ins Leere geht. Diese leidvolle, expressive Grundschicht der Monologe aus Not ist in Bernhards Werk nicht zu überhören, so unabweisbar ihre musikalische Komponente auch sein mag.[335]

Zu Recht ist darauf hingewiesen worden, daß Bernhards Stücke an Opern-Libretti erinnern, daß Bernhard sich gern einer musiktheoretischen Begrifflichkeit bediente, wenn er über seine Dramen sprach, daß er in den Motti seiner Stücke Verweise auf die Musik einschloß, in den Dramen Musikstücke erklingen ließ, wenn nicht überhaupt Musikproben stattfinden oder Sprechproben wie Musikproben ablaufen, daß seine Stücke keine großen Handlungen und weltbewegenden Themen aufweisen, dafür aber aus einer unverwechselbaren Instrumentierung der dramatischen Sprache leben und durch immer wiederkehrende sprachliche Formeln oder außersprachliche Zeichen eine betont rhythmische Phrasierung zeigen.[336] Solche außersprachlichen akustischen oder gestischen Phrasierungszeichen sind zum Beispiel das Einsetzen von Trommelschlägen, der immer wieder angestrichene Ton eines Cellos, ein nicht abstellbarer Husten, der die Gespräche skandiert, oder die vielen rhythmisch akzentuierten monotonen Bewegungen, das Ein- oder Auspacken von Koffern, das Ein- oder Ausräumen von Kästen, An- oder Ausziehen von Kleidern, Hutproben, Bügeln usf. – nicht zu vergessen die mitkomponierten Momente einer langsam oder plötzlich einfallenden Stille.

In den Stücken Thomas Bernhards kann man, ohne dabei die Formenvielfalt aus dem Blick zu verlieren, vor allem zwei sprachlich-dramatische

Haupttendenzen erkennen: die Tendenz zur Satire in den Stücken, in denen Vertreter der gesellschaftlichen, ökonomischen, politischen und kulturellen Eliten ins Licht der Bühne gerückt werden; und die Tendenz zur Komik in den Stücken mit gesellschaftlichen Außenseitern, meist mit gescheiterten, ins Abseits gedrängten Künstlern. Der Zirkusdirektor Caribaldi in *Die Macht der Gewohnheit* (1974) eröffnet die Reihe dieser burlesken oder elegischen Künstlerdramen, zu denen *Der Theatermacher* (1984), das *Minetti*-Stück, ein *Porträt des Künstlers als alter Mann* (1976), *Der Schein trügt* (1983) und *Einfach kompliziert* (1986) zu zählen sind. Gerade in diesen Dramen stellt sich eine besondere Nähe zu Bernhards autobiographischen Beschreibungen seines eigenen Künstler-Großvaters her. Haben sich doch alle diese Gestalten in eine *entsetzliche Verrücktheit* verrannt, sie sind verlorene *Einzelgänger*, die es *in eine menschliche und philosophische Sackgasse treiben mußte*.[337]

Das Figurenensemble der Gesellschaftssatiren hingegen umfaßt das Spektrum der gesellschaftlichen Eliten, die sich nach 1945, nach dem Zusammenbruch des Nationalsozialismus, schnell wieder etablieren konnten. *Die Gute* in *Ein Fest für Boris* (1970) eröffnet als Repräsentantin der Geldmacht und des guten Scheins den *Totenmaskenball* der restaurierten alten Mächte. *Der Präsident* (1975) und *Vor dem Ruhestand* (1976) könnten als Idealtypen dieser satirischen Dramen bezeichnet werden, zu denen man auch *Die Jagdgesellschaft* (1974), *Die Berühmten* (1976), *Am Ziel* (1981), *Über allen Gipfeln ist Ruh* (1981), *Der Weltverbesserer* (1979) und *Elisabeth II.* (1987) rechnen kann. Sogar *Heldenplatz* (1988) berührt sich weitgehend mit den satirischen Sprachmasken der Industrieherren, Hocharistokraten, politischen Spitzen, Militärs und ehemaligen NS-Größen, der arrivierten Wissenschaftler und berühmten Künstler. In vielen dieser Stücke geht es um die Restauration einer bedrohten Ordnung, um den angeblichen Ausnahmezustand, der jedes Mittel rechtfertigt. *Wir leben in einer Zeit / in welcher die Forderungen der gemeinen Menschen / erfüllt werden / das hat es nie gegeben*[338], sagt die Generalin in *Jagdgesellschaft*, dessen Titel satirisch den Zustand einer gnadenlosen Gesellschaft benennt. *Die Komplikationen gehören abgeschafft meine Herren*, so der General zu den Ministern: *Die Zeit ist gekommen / in welcher alles verschärft werden muß / eine Strafverschärfung muß eintreten / es handelt sich wie wir sehen / um eine vollkommen verschlampte Gesellschaft.*[339] Die Blindheit des Generals, der von Ungeziefer befallene Wald, der bei Morgengrauen von den Holzfällern niedergelegt wird, stehen als poetische Zeichen für eine abgestorbene alte Ordnung, in die kein Hoffnungszeichen hineinreicht und die nur mit militärischer Gewalt aufrechtzuerhalten ist. Der tödliche Charakter der «Restauration der Ordnung im Ausnahmezustand»[340] wird noch schärfer in *Der Präsident* hervorgekehrt: *kurzer Prozeß*[341] soll jetzt gemacht werden mit den *Unmenschen / die dieses schöne Land vernichten*[342], *noch viele* werden *beseitigt*, alles *schreit*

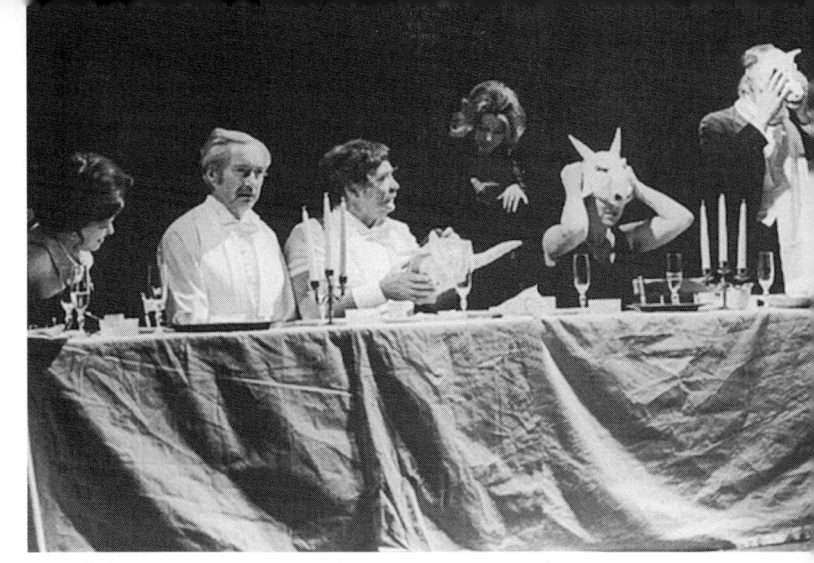

«Die Berühmten». Uraufführung im Theater an der Wien, 9. Juni 1976.
Regie: Peter Lotschak, Bühnenbild: Gian Maurizio Fercioni

förmlich / nach einem solchen Mann / der Ordnung macht, [...] nichts als Ordnung[343]. *Vernichten* und *Durchgreifen / Liquidieren.*[344]

Aus dieser destruktiven Sprache kann der Präsident von einem Moment zum anderen ausbrechen in eine fast kontemplative Anschauung der Schönheit – *Die Dichtung mein Kind / die Dichtung / Und die Musik.*[345] Der mörderische Ordnungsfanatiker huldigt auf einmal der Weltsicht des Autors, *daß das Leben sehr wohl / mit der großen Oper zu tun hat*[346], klagt über *die menschliche / die zwischenmenschliche Eiseskälte*[347], durchschaut das grausame Gesetz der Kunst, wonach das Talent *für die Erschaffung der Kunst* eben *über Leichen gehn* müsse, und er weiß, daß der Weg auf *das höchste Ziel* zu *immer in die andere Richtung* führt[348], *immer in die entgegengesetzte Richtung*, wie Minetti im gleichnamigen Stück sagt, oft wiederholte Sätze im Werk Thomas Bernhards, die der Autor genauso sprechen könnte wie sein verehrter Großvater. Als wäre er der Autor Thomas Bernhard, redet der Präsident dem Leben, *an dem doch alles hängt*[349], das Wort. Der Anwalt der Menschenvernichtung spricht von den Ärzten und Geistlichen als den *großen Spielverderbern des Lebens*[350], und einem dieser Spielverderber, dem Kaplan, dem Einbläser einer noch mörderischeren politischen Gangart, wird sogar die Biographie des Dramenautors untergeschoben – *In Rotterdam auf einem Fischkutter / ist er in der Hängematte gelegen / bei Pflegeeltern.*[351]

Die fürchterlichsten Gestalten teilen mit dem Autor seine Lebensgeschichte, seine Lektüre-Vorlieben – *Pascal sagt / es genügt zu sein*, sagt die

117

Präsidentin[352] – und andere kleine Ticks und Leidenschaften – *die elegantesten Schuhe / bekommen Sie in Madrid / und in Lissabon*[353]. Etwas Irritierendes liegt in der nicht nur oberflächlichen Verwandtschaft der Figuren der Macht mit den ohnmächtigen närrischen Künstlergestalten und dieser aller wieder mit dem Autor. Als hätte Bernhard in seiner Dramenwelt ein Fenster in die widersprüchlichen Seiten seines Ich aufgemacht und auf diese Weise das Unheimliche und die Destruktivität nicht einfach auf «die anderen» abgeschoben.[354] Im einzelnen sich verhärtenden Ich, das sich mit Disziplin und Selbstbeherrschung gegen die Tendenz zur Auflösung behauptet und rücksichtslos gegen jede Bedrohung vorgeht, wird – wie in Thomas Manns «Bruder Hitler» – die Affinität der Künstler und Meisterdenker mit den Repräsentanten der politischen Macht ausgeleuchtet. So provokativ diese Verwandtschaften sich auch ausnehmen, einen illusionslosen Realismus wird man diesen widersprüchlich zusammengesetzten Figuren auf der Bühne nicht absprechen können.

Bernhards Dramen kommen mit einem kleinen Figurenensemble und mit wenigen dramatischen Konstellationen aus. Auffallende Wiederholungen in Struktur und Sprache der Stücke sind unübersehbar, manche Passagen scheinen wie fertige Montageteile in die verschiedenen Stücke eingebaut. Oft wurde in kritischen Theaterrezensionen die «fix eingeplante Standard-Ausstattung des immergleichen Bernhard-Schauspiels» und eine von Stück zu Stück sich überbietende «Monotonie» registriert.[355]

Sieht man genauer hin, so ist man überrascht von der ungewöhnlichen Formenvielfalt und dem Ausdrucksreichtum von Bernhards Dramensprache. Einerseits ist sie imstande, mimetisch die besondere Atmosphäre sozialer und kultureller Räume und den besonderen Ausdruck sozialer Typen und individueller Charaktere zu erfassen, andererseits kann sie zum Resonanzraum weit zurückliegender Dramenstile und Dramensprachen der europäischen Theatergeschichte werden, ob das die barocke, opernhafte Staatstragödie ist, wie im Schluß von *Der Präsident,* oder die plebejische Commedia dell'arte, wie in *Die Macht der Gewohnheit.*

Stücke, die nur wenige Jahre auseinanderliegen oder an denen Bernhard annähernd zur selben Zeit gearbeitet hat, weisen die größte Spannweite der dramatischen Stile und der theatralischen Zeichen- und Formensprachen auf. 1974 sind zum Beispiel *Die Jagdgesellschaft* und *Die Macht der Gewohnheit* uraufgeführt worden, Dramen mit gänzlich verschiedenen Theaterstilen. *Die Jagdgesellschaft* spielt im szenischen Interieur eines Jagdhauses: ein in die Natur vorgeschobener Raum, vor dem Fenster der Wald, dessen Bäume Bernhard am liebsten ins Innere des Raums gestellt hätte[356], draußen unaufhörlicher Schneefall. Mit wenigen Worten und Zeichen wird eine Verdichtung der Atmosphäre erzielt, in der die von Bernhard geschätzte russische Literatur des 19. Jahrhunderts wie ein ferner Nachhall in Sprache und Atmosphäre gegenwärtig ist.[357]

Die Gespräche kehren immer wieder zurück zum Schneefall vor dem Fenster draußen. Der kalte Wintertag und die plötzlich durch den nahen Wald einfallende Dunkelheit am Abend werden zu einer beinahe mystischen Intensität gesteigert – *Wenn man nurmehr noch Schritte hört / aber nichts sieht / nur noch hört / nichts sieht / (Asamer will das Licht aufdrehen) / GENERALIN / Nicht / Kein Licht Asamer*[358]. Assoziationen von Ruhe und Tod stellen sich ein, leitmotivisch angespielt in dem abgebrochenen Aphorismus des Schriftstellers, *die Ruhe macht es wieder gut*, fortgeführt in den Gesprächen über die Todeskrankheit des Generals – *Das Verschweigen einer Todeskrankheit / ist eine Ungeheuerlichkeit*[359] – und poetisch verdichtet im zentralen Sprachbild des kranken alten Walds. Unvergleichlich, wie Bernhard die Erfahrung der Natur und die ästhetische Wahrnehmung in den theatersprachlichen Zeichen thematisiert, wenn die Prinzessin ihr einziges Wort im ganzen Stück, das Wort *Schön*, spricht: *GENERALIN (zum Fenster hinausschauend) / Klar / Kalt und Klar / SCHRIFTSTELLER Es ist eine klare Nacht (Alle schauen hinaus, nur der General verändert sich nicht) / PRINZESSIN (nach einer Pause und länger als alle Andern zum Fenster hinausschauend) Schön*[360]. Fast in jedem Stück finden sich solche Stellen, wo die ästhetische Erfahrung selber zum Gegenstand der dramatischen Darstellung wird und wie etwas sonst Verlorenes auf der Theaterbühne in Erscheinung tritt.

In den Aufzeichnungen von Karl Hennetmair kann man einen Teil der Entstehungsgeschichte der *Jagdgesellschaft* verfolgen, der für die dramatische Arbeitsweise Bernhards insgesamt charakteristisch sein dürfte. Am Beginn stehen Einfälle, die sich aus dem Lebensalltag ergeben und als szenische Elemente für das Stück festgehalten werden. Im November 1972 hatte Bernhard ein abgelegenes Haus am Rande eines Waldes in der Nähe von Wolfsegg erworben und bezugsfertig gemacht. Das Stück sei ihm eingefallen, als er und Hennetmair «die Hirschgeweihe an die Wand hängten». Der an das Haus heranreichende Wald wird in der *Jagdgesellschaft* zu einem vieldeutigen dramatischen Grundmotiv verdichtet, und das alltagspraktische Heizproblem in dem nur zeitweise bewohnten Haus bringt den Autor auf die Figur des Hausknechts Asamer, der im Stück den Ofen des Jagdhauses beheizt. Ein formales, rhythmisch gliederndes Element kommt durch das Einheizen und regelmäßig erforderliche Nachlegen ins Spiel, führt den Autor – das Motiv von Kafkas Heizer – auf eine politische Bedeutungsassoziation, *der Holzknecht kommt immer nachlegen, denn das Volk heizt ja immer ein*, während am Tisch der Mächtigen *oberflächlich und nebenbei* die politischen Entscheidungen getroffen werden. Während Mitte Dezember 1972 noch am Haus gearbeitet wird, entsteht im Kopf des Autors das dramatische Konzept des Jagdhauses; dem Verleger in Frankfurt, Siegfried Unseld, wird das Stück *Die Jagdgesellschaft* angekündigt, mit dem Burgtheater werden Verhandlungen für die Uraufführung aufgenommen, so daß ein zusätzlicher Druck für die rasche Fertigstellung gegeben ist, und sobald das Haus am Jahresende bewohnbar ist, ist es auch schon der Arbeitsraum, in dem das szenische Gebäude des Jagdhauses der *Jagdgesellschaft* entsteht. «Hoffentlich heizt mir die Brandmair ein, morgen, damit ich Dienstag schon etwas Wärme im Hause hab», zitiert Hennetmair den Autor in seiner Tagebucheintragung vom 31. Dezember 1972.[361]

Die Macht der Gewohnheit, 1974 nur wenige Monate nach der *Jagdgesellschaft* uraufgeführt, ist einer gänzlich anderen Theatertradition verpflichtet: der volkstheaterhaften Komik der Commedia dell'arte, in die gleichwohl, in den monologischen Grübeleien des Theaterdirektors Caribaldi, sublime theoretische Reflexionen aus dem Werk des Novalis eingesponnen sind. Das Stück wurde mit Bernhard Minetti in der Hauptrolle bei den Salzburger Festspielen im Sommer 1974 uraufgeführt. Die Handlung spielt in Caribaldis Zirkuswagen. Der Zirkusdirektor hat seine Ensemblemitglieder zu einer Streichquintettprobe zusammengezwungen, ein komödiantischer Proben-Zirkus, der dazu führt, daß sich die Mitglieder des Quintetts am Schluß in den Haaren liegen. Das Debakel der Proben von Schuberts «Forellen-Quintett», das nie über den ersten Ton hinauskommt, geht in eine clowneske Balgerei über, in der modernes surrealistisches Theater und alte Commedia dell'arte einander begegnen: *Jongleur zum Dompteur, den er bei den Haaren packt; dreht sich nach dem Spaßmacher um; Spaßmacher läßt die Haube fallen und setzt sie sich gleich wieder auf, springt auf und zum Dompteur hin. Jongleur und Spaßmacher heben den Dompteur, der volltrunken ist, auf.* Dann stürzen die Ensemblemitglieder alle hinaus, nur der alte Zirkusdirektor bleibt auf der Bühne zurück, mühsam und langsam stellt er im Durcheinander der umgestürzten Notenständer, Instrumente und Sessel die Ordnung wieder her, läßt sich schließlich in einen Fauteuil fallen, noch einmal sagt er sein oft wiederholtes *Morgen Augsburg*. Er dreht das Radio neben sich auf, und in die Stille nach dem Chaos der vergeblichen Probe ertönt – *Aus dem Radio das Forellenquintett. Fünf Takte / Ende.*[362]

In einem Interview Ende der siebziger Jahre hat Bernhard von seiner Unkenntnis der neueren Dramenliteratur gesprochen und nur einen Einfluß Nestroys und Raimunds auf sein Werk in Betracht gezogen.[363] So leicht sich das widerlegen ließe, ist doch die Konstellation interessant, die Bernhard mit den beiden österreichischen Theaterdichtern des 19. Jahrhunderts anvisiert: Johann Nestroy könnte für die sprachparodistische, kritisch-satirische österreichische Theatertradition stehen, zu der Karl Kraus, Ödön von Horváth und Elias Canetti gehören, während Ferdinand Raimund das tragisch-komische Zaubertheater repräsentiert, das romantische Märchen in der Volkstheatertradition, das auch den dunklen, destruktiven, dem Tode verschworenen Seiten des Ich, der Misanthrophie und Melancholie, einen Platz einräumt. Für das moderne europäische Theater ließe sich diese Konstellation übertragen auf Bertolt

Der Zirkusdirektor Caribaldi mit seiner Enkelin in «Die Macht der Gewohnheit». Uraufführung bei den Salzburger Festspielen am 27. Juli 1974. Regie: Dieter Dorn, Bühnenbild: Wilfried Minks

Brecht und Antonin Artaud, auf das Theater der kontrollierten sprachlichen Verfremdung und das Theater der entfesselten surrealistischen Phantasie, der Krankheit und des Wahnsinns, also jene Konstellation, die Thomas Bernhard mit seiner vergleichenden Abschlußarbeit am Mozarteum im Auge gehabt haben könnte.

Der Weg in *die entgegengesetzte Richtung*, den Bernhards vereinsamte Künstler einschlagen, folgt dem Irrweg des Raimundschen Menschenfeinds und den noch weiter zurückliegenden misanthropischen Narren Molières oder Shakespeares. Mit großem Charme und in einem Satz hat eine Berlinerin in einer Publikumszuschrift anläßlich der Aufführung von *Der Weltverbesserer* bemerkt: «Lieber Thomas Bernhard! [...] Sie sind ja wohl ein erfahrenes Menschenkind, ein Molière und ein Schopenhauer in einer Person und dann auch noch ein Österreicher.»[364] Dazu auch noch ein Shakespeare, ließe sich ergänzen, denn «King Lear» spielt ja schon sehr früh in das Werk Bernhards als Inbegriff der theatralischen Kunst herein. Er hatte das Stück in der Bibliothek des Großvaters kennengelernt und wahrscheinlich den Großvater selber in der Gestalt des seiner Krone beraubten Königs gesehen, «gegen den sich Himmel und Erde, Natur und Menschheit verschworen haben»[365]. Wieder und wieder ist Bernhard auf dieses Werk Shakespeares zurückgekommen, vom ersten Roman, *Frost*, bis zum dramatischen *Porträt des Künstlers als alter Mann*, so der von James Joyce entliehene Untertitel seines *Minetti*-Stücks, wo die Titelgestalt, der Schauspieler Minetti, mit Ensors Lear-Maske vor dem Gesicht im Schneefall stirbt.

Dem *Minetti* waren im Juni 1976 *Die Berühmten* vorausgegangen, ein karnevalesker Maskentanz, in dem das narzißtische und destruktive Potential der Künstlerseele im Niedermetzeln der großen Vorbilder und Ich-Ideale handgreifliche Bühnenrealität wird. Die Salzburger Festspieldirektion wollte die in Salzburg engagierten Berühmten in Bernhards Darstellung nicht wiedererkennen und hatte das Stück für eine Aufführung im Festspiel-Sommer 1975 abgelehnt. Das Burgtheater brachte das Stück im folgenden Jahr bei den Wiener Festwochen im Theater an der Wien heraus.

Minetti, nur Monate nach den *Berühmten* im Staatstheater Stuttgart unter Claus Peymann uraufgeführt, ist das romantische Märchen eines ausgestoßenen Künstlers, dessen Winterreise an die Atlantikküste mit dem Tod endet. Natürlich ist *Minetti* auch eine Hommage an den Schauspieler Bernhard Minetti, den Bernhard, ähnlich wie Bruno Ganz oder Ilse Ritter, Kirsten Dene und Gert Voss, im dauerhaften Medium seines literarischen Werks verewigt hat.

Ein komischer Herr betritt am Silvesterabend *in einem knöchellangen alten Wintermantel, schwarzen Lackschuhen mit Gamaschen, einem breitkrempigen Hut und einem Regenschirm auf dem linken Arm, ein offenes Unterhosenband hängt ihm bis auf den Boden*[366], eine Hotelhalle in Oostende. Es ist der Schauspieler Minetti; er habe, erzählt er nicht nur einmal, eine Verabredung mit einem Theaterdirektor, der ihm die Rolle des King Lear in Aussicht gestellt hat. Durch den Hotel-Raum ziehen Gruppen von Maskierten, das Thema der Maske wird in den Vordergrund gespielt, verbindet sich raffiniert mit dem belgischen Maler James Ensor (1860–1949), der in Oostende gelebt hat, dem großen Maler des Maskentreibens, dessen satirische Darstellungen das Bürgertum seiner Zeit im Bild der Maske demaskierten. Minetti habe Ensor, sagt er, eben in diesem Hotelraum getroffen. In seinem großen alten Koffer, den er das

James Ensor: Die Masken und der Tod, 1897

ganze Stück hindurch nicht aus den Augen läßt, befinde sich Ensors Maske des King Lear. Die Bewegung auf der Bühne, eine Art rhythmische Phrasierung der Szenen, ergibt sich durch die Gruppen der Maskierten, die immer wieder durch die Hotelhalle treiben. Allmählich klärt sich in den Selbstgesprächen, in die Minetti jeden einbezieht, der in seine Nähe kommt, seine Vorgeschichte auf, sein Warten auf den Theaterdirektor wird zur dramatischen Gegenwart einer letzten, verzweifelten Chance. Ein Mädchen mit Kofferradio wartet auch auf jemanden, auf seinen Liebhaber. *Magst du Musik*, fragt sie den alten verlassenen Mann, stellt für ihn die Lautstärke ein und läßt bei ihm, als sie endlich abgeholt wird, ihr Kofferradio zurück.

Als schönste Liebesszene hat ein Kritiker diese stillen, das Glück streifenden Augenblicke vor Minettis Tod bezeichnet.[367] Die Intensität dieser Glücksmomente verdankt sich dem ganzen Unglück Minettis, das im Stück zur Sprache kommt, in den Monologen, in denen die Not des alten Mannes Sprache wird, eine Armut und fürchterliche Verlassenheit, ein kreatürliches Entsetzen an der Grenze zum Wahnsinn, in dessen Ausdruck Bernhard das Drama des King Lear hineindämmern läßt. In fast jedem Theaterstück Bernhards finden sich solche Monologe an der Grenze zum Verstummen, zur Dekomposition der Rede, zum Ich-Zerfall, ungeheure lyrische Partien, wo die zerbrechende Rede übergeht in Verzweiflungszeichen, in den Naturlaut: MINETTI *(ganz leise und vor sich hin):* Hören Sie / Das Meer / Die Mühsal / Das Entsetzen / Der Ehrgeiz / Die Verlassenheit / Wind / Küste / Dieses Wort Küste *(beinahe singend)* Küste / und dann / Nebel / Wahrnehmung / Eifersucht *(plötzlich laut schreiend)* / Hilfe / *(ganz leise)* Mord / *(zur Dame direkt)* / Wenn nurmehr noch das O herrscht / oder nurmehr noch das U / oder das I / *(wie wenn er krähte)* / Kikeriki / Kikeriki / Kikeriki[368].

Leitmotivisch durchziehen, wie oft in den Dramen Bernhards, literarische Zitate den Text. In *Minetti* sind es Partien aus Shakespeares «King Lear». «Du wärst besser in einem Grab / als mit deinem unbedeckten Körper», zuerst im englischen Original zitiert, «Thou wert better in a grave» usf., was gerade an diesem geographischen Ort, an der Küste gegenüber England, einen zusätzlichen Effekt bekommt in einer polyphonen Dramenkomposition, zu der *alle Instrumente, alle Oberstimmen, alle Unterstimmen*[369] der Sprache zusammenwirken.

Das *Nachspiel* zeigt Minetti an der *Atlantikküste bei Oostende*: *MINETTI auf einer Bank. Vor ihm sein Koffer. Immer heftiger werdendes Schneetreiben. Der Verkrüppelte mit der Hundemaske von rechts immer schneller an Minetti vorbeihumpelnd, links verschwindend / MINETTI (schaut dem Verkrüppelten nach / dann nach einer Pause zu sich) / Weg / (Steht auf und forscht, ob er unbeobachtet ist, und öffnet den Koffer und nimmt die Learmaske heraus und macht den Koffer wieder zu, wobei er mit dem rechten Knie nachhelfen muß, und forscht wieder, ob er unbeobachtet ist, und setzt sich wieder auf die Bank und legt die Learmaske neben sich auf die Bank und holt aus seiner linken Manteltasche eine kleine silberne Dose, aus der Dose nimmt er mehrere Tabletten, die er blitzartig schluckt. Dann setzt er ebenso blitzartig die Learmaske von Ensor auf und stellt den Mantelkragen hoch und steckt die Hände in die Manteltaschen und bleibt so starr geradeaus blickend längere Zeit hocken und sagt dann) / Schnell weg / (Von links nähert sich die Gruppe der Maskierten, die vorher in der Bar an ihm vorbeigezogen ist, noch betrunkener, laut lachend und schreiend und zieht an ihm vorbei. / DER LETZTE der Maskierten bleibt einen Augenblick stehen und erkennt Minetti und zeigt mit dem Zeigefinger auf ihn und ruft / Der Künstler / Der Schauspielkünstler / (und läuft weg. / Minetti bleibt bewegungslos, bis er vollkommen zugeschneit ist / Ende).*

Gewiß, eine Szene mit vielen «Versatzstücken» aus anderen Bernhard-Dramen und Bernhard-Romanen, ein Ende, das an den Tod des Malers Strauch in *Frost* erinnert und an viele andere Todesarten im Schnee – und doch eine Szene, in der das «immer gleiche Bernhard-Stück» seine Unvergleichlichkeit und Einzigartigkeit besitzt.

Gerda Maleta berichtet, daß Thomas Bernhard, als er mit ihr im September 1976 die Premiere des *Minetti* in Stuttgart besuchte, das Theater mit verweinten Augen verlassen habe.[370] Tatsächlich zeigt sich auch in

Minetti in der Schlußszene von Bernhards gleichnamigem Stück, in den Händen hält er «Ensors Maske» des King Lear

Bernhards Werken, verborgen zwar und verhalten, eine Neigung zu großen Gefühlen, zu Pathos und Lyrismen, die der Autor, vor allem mit den Mitteln der Komik, zu brechen wußte. In seinem letzten Lebensjahrzehnt hat er sich selber gern im Bild des Altersnarren gesehen: *Sie haben mich gefragt, welchen Blick ich auf mich habe. Da kann ich nur sagen: auf den Narren. Dann geht's. Nur mit dem Blick auf den Narren, auf den Altersnarren.*[371]

Zweifellos hat Bernhard sein *philosophisches Lachprogramm* schon früher aufgemacht, wenngleich er nicht, wie er einmal behauptet hat, *immer schon Material zum Lachen geliefert hat*. Der jugendliche Erzähler in *Frost* hatte noch keinen Sinn für die Komik des Malers Strauch besessen, der sich gleichwohl als den größten Narren bezeichnete und, wie Bernhard selber sagte, *eigentlich alle Augenblick' hellauf zum Lachen ist*.[372] Seit dem ersten Roman jedenfalls ist das Komische aus keinem der folgenden Romane mehr verschwunden, bis zu *Auslöschung*, dem Roman, mit dem sich Bernhard aus diesem Genre verabschiedete. Bernhards Dramen aber ließen von Beginn an wieder jenes komödiantische Element aufleben, das die bürgerliche Aufklärung dem Drama austreiben wollte und das auf dem Umweg über das Ausland, über die intensive Rezeption von Beckett, Ionesco, Genet und Artaud in den fünfziger Jahren mit der österreichischen Volkstheatertradition zusammenfand. In den fünfziger Jahren will Bernhard, liest man in einem Interview, in den Straßen Wiens Jean Genet begegnet sein, jenem «Saint Genet, Komödiant und Märtyrer», als den ihn Sartre damals sah und als den man Bernhard heute sehen könnte.[373]

Der Theatermacher (1984) geht vom Theaterskandal um das Notlicht in der Salzburger Festspiel-Aufführung von *Der Ignorant und der Wahnsinnige* (1972) aus. Damals bestand Bernhard auf der absoluten Finsternis, die feuerpolizeilich nicht durchzusetzen war. *Eine Gesellschaft, die zwei Minuten Finsternis nicht verträgt, kommt ohne mein Schauspiel aus!*[374] Gut zehn Jahre später greift der Autor im *Theatermacher* diese feuerpolizeiliche Schikane wieder auf, diesmal aber versteift sich der närrische Theatermacher Bruscon, ein Dilettant und Familientyrann, auf diese Forderung, wodurch seine Poetik der Finsternis, die einmal Bernhards eigene war, der Lächerlichkeit preisgegeben wird. *Man soll sich vorstellen, man ist im Theater, man macht mit der ersten Seite einen Vorhang auf, der Titel erscheint, totale Finsternis*, hatte der Autor im monologischen Ernst des Selbstgesprächs *Drei Tage* dekretiert. Im *Theatermacher* spielt der Schauspieldirektor und Theaterdichter Bruscon im Gasthaus zum «Schwarzen Hirschen» seine Weltkomödie, deren Höhepunkt und Voraussetzung *die absolute Finsternis* sein soll. In seiner *Komödie hat es / am Ende / vollkommen finster zu sein / auch das Notlicht muß gelöscht sein / vollkommen finster / absolut finster.*[375]

Der Theatermacher stellt eine witzige Selbstparodie der Kunstprogrammatik Bernhards dar und ist zugleich das welthaltigste komische Gleichnis über die Kunst in einer kunstfeindlichen Welt. Die schwierige Adaptierung des Saals im Utzbacher Dorfwirtshaus, wo Bruscons Theaterstück über die Bühne gehen soll, wird zum sinnfälligen Anschauungsunterricht von Bernhards Ästhetik des Dramas und der Grundlagen der ästhetischen Scheinwelt überhaupt. Wie Bruscon die Bühne abschreitet und abmißt, wie er sich bückt, um zu prüfen, ob die Bühnenbretter auch tragen, weil er die *Fallhöhe* in der wörtlichsten Bedeutung kennengelernt hat, wie er Sätze aus seinem Drama in den Raum ruft, um die stimmliche Resonanz zu studieren, wie man in der zweiten Szene umständlich den Bühnenvorhang montiert, der dann zur Probe langsamer oder schneller auf- und zugezogen wird, das ist witzigste Vorführung der Grundlagen des Theaterzaubers. «Das Kunstwerk hat es noch mit der Zauberei gemeinsam, einen eigenen in sich abgeschlossenen Bereich zu setzen, der dem Zusammenhang profanen Daseins entrückt ist. [...] Wie der Zauberer als erstes bei der Zeremonie den Ort, in dem die heiligen Kräfte spielen sollen, gegen alle Umwelt eingrenzte, so zeichnet mit jedem neuen Kunstwerk dessen Umkreis geschlossen vom Wirklichen sich ab.»[376] Jeder, der als Kind einmal beim Aufbau eines Zirkuszelts zugeschaut hat, kennt diese Grundelemente des Kunstzaubers, denen man in Bernhards Werk an vielen Stellen begegnen kann.

Der *Theatermacher* wird ständig auf den Weltzustand gestoßen, in dem *die Zeit der Märchen* für immer *vorbei*[377] ist. In einer kalten, kunstfeindlichen Welt kann nur mit größter Rücksichtslosigkeit gegen sich selbst und gegen die anderen Kunst gemacht werden. *Kunst Kunst Kunst*, ruft Bruscon aus, *hier wissen sie ja gar nicht / was das ist,* denn *wohin man schaut / doch nur Häßliches.*[378] Ganze Haufen von Geweihen und unerträglichen Bildern, darunter ein Hitlerbild, das seit Jahrzehnten im Saal des «Schwarzen Hischen» hängt, wären wegzuräumen, die Fenster gegen den Lärm des Schweinegrunzens und den Gestank der Schweinemast zu verschließen. Ein Herakles müßte Bruscon sein, um die Häßlichkeit wegzuschaffen, die zum Weltzustand geworden ist. Alles ist vom Geschäftsgeist verschandelt und von der unbewältigten Vergangenheit beschädigt. So schleppt Bruscon, von Krankheit und Erschöpfung gezeichnet, seinen angegriffenen Körper und seinen hohen Kunstbegriff durch die Voralpengewitterschwüle. Ein heruntergekommener Erbe der romantischen Poetik, der Begriffe wie *Imagination, Phantasie, Geist, das Poetische, Genie, das Schöpferische, die Schönheit* hochhält, Begriffe, an denen man sich erwärmen wollte, seit die Welt entzaubert wurde und mit der Klarheit die Kälte zuzunehmen begann.[379] Begriffe, die auch der unzeitgemäße Großvater Thomas Bernhards zu seiner Kunstreligion und zu Leitworten für seinen Enkel gemacht hatte.

So ist in Bruscon und seiner Familientruppe wieder Bernhards Familienstück zu erkennen, mit dem kunstbesessenen Großvater im Mittelpunkt, dem sich die anderen drei Familienmitglieder, Bernhards Mutter, Onkel und Großmutter, bedingungslos unterworfen hatten. Wie Bruscons vierköpfige Truppe waren sie durch halb Europa gezogen, jahrelang auf der Suche nach Anerkennung und künstlerischem Erfolg. Und wie Bruscon trat auch der Großvater als großer Herr mit höchsten künstlerischen Ansprüchen auf, hinter denen die ängstlich verborgene Einsicht stand, mit seinem Unternehmen gescheitert zu sein. Was sie besaßen, war, wie im *Theatermacher*, nicht viel mehr, als was sich in Wäschekorb und Kiste unterbringen ließ. Die Riesenromane Johannes Freumbichlers kehren wieder in Bruscons Riesendrama, die Kinder Farald und Herta in Ferrucio und Sarah, und an der *Nierengeschichte*, an der Bruscon leidet, ist Freumbichler im Februar 1949 gestorben. Wie Bruscon könnte auch der erfolglose, verarmte Schriftsteller Johannes Freumbichler die Größe und die Misere seines Lebens in dem fragmentarischen Satz ausdrücken, den die Tochter des Theatermachers wieder und wieder nachsprechen muß, weil er dem Kunsttyrannen nie andächtig genug gesprochen werden kann: *Wenn wir die Schönheit nicht besitzen / und durch und durch ein kranker Geist / und mittellos bis in die Seele sind.*[380]

Gegen den Tod schreiben
Krankheit und Sterben

Seit «zehn, zwölf Jahren» habe Thomas Bernhard von seiner unheilbaren Krankheit gewußt, sagte sein Halbbruder, der Internist Dr. Peter Fabjan, 1989 in einem Gespräch nach Bernhards Tod. «Er war also seit gut zehn Jahren ein Mensch, der seinen Tod eigentlich immer absehen hat können.» Er habe «nie gewußt, leb' ich nächstes Jahr noch oder halt' ich noch ein Jahr durch, halt ich noch zwei Jahre durch»[381]. Die Ursache dieser Todeskrankheit lag in der schweren Lungentuberkulose, die sich Thomas Bernhard infolge einer nassen Rippenfellentzündung 1949 zugezogen hatte. Die autobiographischen Erzählungen, besonders *Der Atem* und *Die Kälte*, beschreiben die Geschichte dieser lebensgefährlichen Erkrankung und den Aufenthalt im Salzburger Landeskrankenhaus, im Sanatorium in Großgmain und in der Lungenheilstätte Grafenhof. Der Realismus dieser Pathographie und die schonungslose Enthüllung des sozialen Dramas in den nachkriegszeitlichen Krankenanstalten stehen einzigartig in der deutschsprachigen Literatur da. Denn Thomas Bernhards Grafenhof wird, im Gegensatz zur Darstellung des mondänen Berghof-Sanatoriums in Thomas Manns «Zauberberg», aus der Perspektive des armen Gebietskrankenkassenpatienten beschrieben. Aus dieser Erfahrung kommt der verständliche Wunsch, *zuhause sterben* zu können, wenn es geht, *nur nicht in einem Krankenhaus*.[382]

Überraschend, obwohl nicht untypisch für die literarischen Sanatoriumsbeschreibungen, ist die medizinische Versiertheit des kritischen Patienten. So genau wird über die Behandlungsmethoden nach dem Ausbruch der Pleuritis exsudativa berichtet, über die Pleurapunktion und Penicillin-Behandlung und die anschließend sich manifestierende Lungentuberkulose, über die damals gängigen Therapiemaßnahmen, den Pneumothorax zuerst, dann die Anlage eines Pneumoperitoneums mit Phrenikusquetschung, daß eine Ärztin später in einer medizinwissenschaftlichen Dissertation staunend die detaillierten Darstellungen in Bernhards Büchern konstatierte – und bisweilen «eine verblüffende Ähnlichkeit» mit der Darstellung in den einschlägigen Fachbüchern nachweisen konnte.[383] Als eine Fortsetzung des Krankenberichts in den autobiographischen Erzählungen könnte die Beschreibung des Krankenhausaufenthalts in *Wittgensteins Neffe* gelesen werden, die operative Beseitigung eines thorakalen Tumors, der dem Autor seit langer Zeit Atmungsschwierigkeiten verursacht hatte. *Seit Jahrzehnten kann ich kaum Treppen steigen*, heißt es in dem 1982 erschienenen Prosaband, *und habe schon nach drei, vier Stufen keine Luft mehr.*[384]

Thomas Bernhards Leibarzt, sein Halbbruder, verweist auf «die sogenannte Sarkoidose (Morbus Boeck)», «eine Immunerkrankung», die «die Lunge betroffen» habe. «Zunächst war's eine Drüsenerkrankung, wo ein operativer Eingriff notwendig war», nach der in *Wittgensteins Neffe* beschriebenen stationären Behandlung im Sommer 1967 ein Aufenthalt im Krankenhaus Wels im Jahr 1978, «später war das Lungengewebe betroffen, zuletzt waren's die Bronchien». Zu diesem langen Leiden, «für das es eigentlich keine Heilung gibt», kam in «den letzten zehn, zwölf Jahren» «ein Herzproblem, was von vornherein vollkommen unheilbar war und aussichtslos». Bernhard habe das «auch absolut gewußt».[385] Das Herz sei «immer größer geworden, immer schwächer geworden». «Nur mit sehr viel Chemie» sei «es möglich gewesen, das so hinzuziehen, daß jemand so lange lebt».[386]

Seit der zweiten Hälfte der siebziger Jahre war sich Thomas Bernhard bewußt, daß er verloren ist. «Da hat sich sicher für ihn vieles verdüstert.» Er habe aber «ein unglaubliches Martyrium auf sich genommen», das Martyrium einer unheilbaren Krankheit, verbunden «mit einem massiven, quälenden Medikamenteneinsatz». Obwohl der Schriftsteller bemüht war, sein schweres Leiden vor der Öffentlichkeit zu verbergen, hätte man in den letzten Jahren merken müssen, «daß der Mensch eigentlich gar keine Luft mehr kriegt».[387]

Es gibt ein Buch Thomas Bernhards, in dem er den Schock jener Zeit vergegenwärtigt, als ihm klar wurde, daß es sinnlos ist, *noch an Heilung von dieser Krankheit* zu *denken*. In der Erzählung *Ja*, 1978 erschienen, ist in einem ungewohnt ernsten und unmetaphorischen Ton von der eigenen Todeskrankheit des Ich-Erzählers die Rede.

Im Werk Thomas Bernhards war ja längst die Krankheit als Metapher zum entscheidenden Element seines poetischen Systems geworden. Viele seiner erzählten Figuren haben eine Lungenerkrankung hinter sich, der Atem, die Lunge, die Luft, das Ersticken machen elementare Zeichen seiner Literatursprache aus, und Elfriede Jelinek hat die langatmigen Monologe seiner Hauptfiguren als poetische Reaktion auf die krankheitsbedingte Kurzatmigkeit verstanden, als hätte «die Erfahrung des Zuwenig-Luft-Kriegens den wüsten flammenden Atem des Um-sein-Leben-Sprechenden erzeugt»[388]. Hatte doch schon der Fürst in *Verstörung* gesagt, er rede so, besessen vom Sprechen, wie er ist, *aus Angst zu ersticken*. Seine Zuhörer sind ein Arzt und dessen Sohn, die dem Leser eine quasi ärztliche Haltung des Zuhörens vermitteln.[389] Durchgehend bestimmt ein auffälliges medizinisches Interesse das literarische Schaffen Thomas Bernhards, vom wissenschaftlichen Beobachtungsauftrag des Medizinstudenten in *Frost* bis zur einfühlsamen Beschreibung des geisteskranken Freundes Paul Wittgenstein in *Wittgensteins Neffe*. Auch die großen literarischen Gewährsleute Thomas Bernhards, Montaigne und Schopenhauer, zeichnen sich durch ihren unbestechlichen Blick für die Krankheitsanfälligkeit der menschlichen Physis aus, während er bei Novalis, seinem anderen, oft zitierten poetischen Gewährsmann, das romantische Konzept einer ganzheitlichen, Leib und Seele umfassenden medizinischen Wissenschaft finden konnte.

In *Ja*, dem *zehn, zwölf Jahre* vor seinem Tod geschriebenen Prosaband, ist ein neues, unmetaphorisches Verhältnis zur eigenen Krankheit aus einem literarischen Text herauszuhören. *Wenn sich, was an dieser Methode ja schon einige Zeit tatsächlich erkennbar ist und auch im Medizinischen schlüssig ist, diese Anfälle weiter verstärken, daran ist ja allein aus der Folgerichtigkeit der bisherigen Anfälle keinerlei Zweifel, werde ich nicht mehr viele Anfälle haben. Insofern ist mir die Zukunft doch klar und es hätte keinen Zweck, voreilig zu sein. Die von mir geführte Existenz, die naturgemäß ja schon so lange Zeit nurmehr noch von meiner Krankheit geführt wird, ist in ihr Endstadium eingetreten.*[390]

Die Erzählung stellt eine nüchterne Bilanzierung des Krankheitsverlaufs dar, zugleich ist sie der literarisch gestaltete Hilferuf eines Ich, das sich in seiner *Hoffnungslosigkeit und Ausweglosigkeit*[391] selber nicht mehr zu helfen weiß und im Buch einen in der Nähe von Obernathal wohnenden Freund anspricht, mit dem der Schriftsteller vor drei Jahren von einem Tag zum anderen plötzlich den Umgang eingestellt hatte. Seinen *Körper- und Seelenarzt* nennt er in *Ja* den Realitätenhändler Moritz, den er, wie er jetzt *sagen muß*, immer *wie einen Arzt und also wie einen Lebensretter, wie einen Geist- und Körperretter aufgesucht habe, und auch heute noch aufsuche*[392], schreibt Bernhard, und er meint den zwei Kilometer entfernt wohnenden Realitätenhändler Karl Hennetmair, den er seit drei Jahren nicht mehr besucht hat. Bücher sind nicht nur dafür da, in der deutschsprachigen Gegenwartsliteratur «neben Musil und Kafka» «bestehen» zu können, wie das dem Prosaband *Ja* bescheinigt wurde, sie können auch dazu dienen, dem im Nachbardorf wohnenden Freund wissen zu lassen, daß man ihn brauche, *auch heute noch*. Nach dem Erscheinen von *Ja* hatte Thomas Bernhard tatsächlich wieder Karl Hennetmair aufgesucht. Aber der hatte den Erzählband, eine große Hommage an ihn und seine Familie, noch nicht gelesen; Hennetmair ging weg, ohne daß es zu einer Versöhnung gekommen wäre.

In den folgenden Werken, und das Schreiben wird nun bewußter als Form der Selbstbehauptung verstanden – *Meinen Zustand verbessern, meine Existenz verlängern, was mir vielleicht gerade weil ich im Augenblick diese Notizen mache, gelingt*[393] –, werden die Krankheitssymptome und die medikamentöse Behandlung seiner Todeskrankheit zum Bestandteil der erzählten Welt und der dramatischen Monologe. In *Beton* ist vom ersten Satz an die Rede von der genau geregelten Einnahme der Prednisolontabletten, um dem *zum dritten Mal akut gewordenen morbus Boeck* entgegenzuwirken. Im *Theatermacher* leidet die Titelgestalt an den Folgen der eingenommenen Cortisontabletten – *ein einziger Schmerzensmensch bin ich*[394]. In *Heldenplatz* wird noch einmal knapp und illusionslos der gegebene Zustand resümiert: *Herzschwäche / letztes Stadium.*[395]

All die literarischen Formen der Darstellung der eigenen Krankheit, ob in der komischen Verspottung des *Krankheitstheaters* oder im illusionslosen, nüchternen Bericht, sind von Bernhards Anspruch getragen, die faktische physische und psychische Misere seiner Existenz nicht zu verdrängen und keinen wie immer gearteten Sinn zu suchen für seine Krankheit zum Tod, für die *entsetzliche Atemlosigkeit*[396], die lebensbedrohenden Verkühlungen, die Schwächezustände, das Aufgeschwemmtwerden und dann wieder notwendige Abmagern durch die Einnahme von Prednisolon, die nicht zu unterdrückenden Gedanken an *den fürchterlichsten aller Fälle*[397], das ungeschützte Ausgesetztsein an Hoffnungslosigkeit und Angst, die beim Aufwachen in der Nacht *naturgemäß mit der größten Rücksichtslosigkeit* auftreten.[398] Im Schreiben stellt er sich der Tatsache, daß er *nur noch die kürzeste Zeit zu leben habe* als Folge der *unaufhörlichen und unaufhaltsam fortschreitenden Krankheit.*[399]

Bernhard erfindet in der kurzen Zeit, die ihm noch zur Verfügung steht, keinen neuen Sinn des Lebens, er widerruft nichts, bekehrt sich nicht, sondern bedient sich weiter der einfachen oder komplizierten, jedenfalls immer schon angewandten Hilfsmittel seiner Existenzkunst. Die Schimpfkanonaden tragen weiter dazu bei, seinen angegriffenen Kreislauf in Bewegung zu halten, und sie bereichern zugleich die Literatur um eine neue Gattung, die *Erregung – damit ihr nicht glaubt / ich bin schon tot [...] gestatte ich mir doch eine Erregung.*[400] Die Boshaftigkeit und Scheußlichkeit, in denen sich der Autor als Meister verstand, werden in der persönlichen Rache an seinen früheren Freunden in *Holzfällen* perfektioniert zu weltliterarischem Rang. Die Angriffslust gegen den Staat steigert sich, und die Kunst des Staatsstreichs wird in *Heldenplatz* auf einen letzten Höhepunkt geführt.

In der ihm verbleibenden Zeit vollendet Bernhard das künstlerische Programm seiner *Lachphilosophie*. Je lächerlicher alles angesichts des nahen Todes wird, um so weniger schließt er mit dem *menschenumbringenden* Zustand einen schlechten Frieden, um so weniger kommt er los von der nicht vergehenden Vergangenheit des Nationalsozialismus. Liegt doch auch eine Ursache der eigenen Todeskrankheit in Kriegs- und Nachkriegszeit.

Der Haß auf die großen *Spielverderber des Lebens,* den Nationalsozialismus und die katholische Kirche, läßt ihn nicht blind werden für die Einzigartigkeit des Menschenlebens. Er, der nirgends die hinfällige Phy-

Wien, November 1988

sis beschönigt, fügt in seine Bestandsaufnahmen des Zerfalls wunderbare Denkbilder vom unvergleichlichen Kunstwerk, das jeder einzelne Mensch ist. *Jeder Mensch*, liest man in *Der Untergeher*, ist ein einmaliger *Mensch und tatsächlich, für sich gesehen, das größte Kunstwerk aller Zeiten, so habe ich immer gedacht und denken dürfen, dachte ich.*[401] Der sterbenskranke Autor arbeitet schreibend weiter an seinem hohen Begriff vom Menschen und an der poetischen Weltverzauberung durch die ästhetische Wahrnehmung – seit *Frost* eine oft übersehene Komponente seines Schreibens: *Hören Sie: ich war in dieser Musik, ich bin in dieser Musik, ich bin aus dieser Sprache, ich bin in dieser ruhigen Poesie des Nachmittags.*[402] In *Auslöschung* wird dann der *Umweltverzauberer Gambetti* in Rom zum Alter ego des aus Wolfsegg stammenden Ich-Erzählers, ein Verhältnis, in dem für ihn der *Idealzustand* erreicht ist.[403]

Seit den späten siebziger Jahren reagiert Bernhard noch bewußter auf die Zerstörung der Umwelt und der menschlichen Sinne. Schreiben wird zur Behauptung der ästhetischen Wahrnehmung in einer immer kunstfeindlicher werdenden Welt. Drei *ehemalige Studienkollegen*, ein Musiker, ein Maler und ein Naturwissenschaftler, hätten sich in den letzten Monaten umgebracht, heißt es in einem Text in *Der Stimmenimitator* (1978), *aus Verzweiflung darüber, [...] daß die Welt keine ihnen und ihren Künsten und Wissenschaften entsprechenden Aufnahmeorgane und Aufnahmefähigkeiten mehr gehabt hat.*[404]

Nun kommt auch mit größerer literarischer Bewußtheit der in seinem Werk meist übersehene, vor allem in der Musikbesessenheit oder der Essenslust seiner Figuren sich manifestierende austriakische Sensualismus zum Ausdruck. In der Gestalt des Onkels Georg, der aus Wolfsegg in die mediterrane Welt des französischen Südens emigriert ist, hat dieser sensualistische Zug in *Auslöschung* die künstlerisch anspielungsreichste und freundlichste Verkörperung gefunden. *In den mediterranen Ländern, so mein Onkel Georg, ist alles ganz anders. – In den mediterranen Ländern ist das Leben hundertmal mehr wert als hier. – Er, mein Onkel Georg, hatte mir schon sehr früh sozusagen die Augen für die übrige Welt geöffnet, mich darauf aufmerksam gemacht, daß es außer Wolfsegg und daß es außerhalb Österreichs auch noch etwas anderes gibt, etwas viel Großartigeres, etwas noch viel Ungeheuerlicheres.*[405]

Die Reisen in den Süden werden in den letzten Jahren lebenspraktisch und literarisch noch intensiver als Fluchtmöglichkeiten genützt; besonders für die Wintermonate hat Bernhard seine jeweils idealen Orte, wo es sich besser atmen läßt und man in der fremden Sprachumgebung die täglichen Gemeinheiten nicht mitbekommt. Das *Meer!*, sein *Zauberwort*, wirkt noch immer Wunder, wie all die Reisen und Hotelaufenthalte immer *Wunder gewirkt* hatten.[406] In Bernhards Büchern und in der Verlagskorrespondenz lassen sich die Namen der Orte und der Hotels ablesen, die in diesen *letzten zehn, zwölf Jahren* zu idealen Überlebensorten werden, «La Barracuda» in Malaga, das «Almudaina» oder das «Palas Atenea» in Palma de Mallorca, das «Do Mar» auf Madeira, das «Fayal» auf den Azoren, das «Seteais» und das «Timeo» in Sintra, das «Argentina» in Dubrovnik und immer wieder das «Beograd» in Lovran.

Im Dezember 1988 erleidet Thomas Bernhard in Malaga, wo er sich noch einmal zu erholen hoffte, einen schweren Herzanfall. Er befindet sich in einem Zustand, in dem er kaum mehr nach Hause gebracht werden kann. Sein Halbbruder, der Arzt, holt ihn zurück. Bernhard verbringt die letzten Wochen in seiner Gmundner Wohnung in der Lerchenfeldgasse, «immer noch in der Hoffnung, daß er doch noch einmal davonkommt, daß er sich wieder herausrettet aus dieser furchtbaren Herzschwäche»[407]. Er muß jetzt mit dem Wagen ins Kaffeehaus gebracht werden, selbst die Zeitung zu halten ist für ihn beinah schon zu anstrengend, untertags schläft er aus Erschöpfung immer wieder ein. «Die Nächte schlaflos und durchhustet. Die Angst um den Atem, die Angst, ersticken zu müssen.» Noch einmal der Wunsch, aus dem Nebel hinauszukommen in die Sonne, noch einmal den alten Bauernhof in Obernathal besuchen. Den Weg zurück zum Auto, wenige Schritte, kann er kaum mehr gehen. «Er habe nur noch nach Luft gerungen.» Nach einer Fahrt zum Notar in Salzburg, zur Festlegung des Testaments, was nicht ohne «Maximaleinsatz von Medikamenten» möglich war, beginnt am Abend des 11. Februar 1989 das endgültige Sterben. «Schau, das ist jetzt eigentlich der Todestag vom Großvater», habe er «dann plötzlich an diesem Abend» bemerkt.[408] Es war der 40. Todestag von Johannes Freumbichler.

Am Morgen des folgenden Tags, Sonntag, 12. Februar, um sieben Uhr, ist Thomas Bernhard tot. Der Leichnam wird in ein weißes Leintuch gehüllt und in einen einfachen Holzsarg gelegt. Er wollte gern, hatte er einmal gesagt, «wie die orthodoxen Juden in einem einfachen Sarg, der nicht bearbeitet ist»[409], begraben werden. Der Abtransport des Leichnams aus dem Wohnblock mußte heimlich geschehen, um den Tod Thomas Bernhards erst nach dem Begräbnis der Öffentlichkeit bekanntzugeben. Am Donnerstag, 16. Februar, wird der Tote in aller Frühe auf dem Grinzinger Friedhof in Wien beigesetzt. Es sind nur drei Angehörige, die Männer des Bestattungsunternehmens und, weiter entfernt, «einige Herren, die sich nicht vorgestellt haben», anwesend. Alles verlief so, wie es «mit ihm ausgemacht» und «im Detail besprochen» worden war «über Jahre»,[410] und es verlief so wie auf Begräbnissen in den Büchern des Schriftstellers.

Am folgenden Tag erfuhr man aus den Medien den Tod von Thomas Bernhard, einem der bedeutendsten deutschsprachigen Schriftsteller und einem der umstrittensten Österreicher.

Anmerkungen

Die Werke von Thomas Bernhard werden, soweit möglich, nach leicht zugänglichen Ausgaben zitiert. Die einzelnen Gedichte nach: Thomas Bernhard: Gesammelte Gedichte. Hg. von Volker Bohn, Frankfurt a. M. 1991, Suhrkamp; die Erzählprosa und die Romane nach den Taschenbuchausgaben bei Suhrkamp; die autobiographischen Erzählungen nach den dtv-Ausgaben und die Dramen, außer «Heldenplatz», nach der vierbändigen Taschenbuch-Ausgabe Thomas Bernhard: Stücke 1–4, Frankfurt a. M. 1988, Suhrkamp. Die jeweiligen Erstausgaben sind in der Bibliographie verzeichnet.

1 Zit. n. Karl Woisetschläger: Thomas Bernhard – eine Erbschaft. Nachfragen in Gmunden, Obernathal, Weinberg. In: Sepp Dreissinger (Hg.): Thomas Bernhard. Portraits. Bilder und Texte. Weitra 1991, S. 315. Die bei Woisetschläger zitierte Passage aus dem Testament habe ich anhand des fotokopierten Originaldokuments korrigiert
2 «Er wollte, so sagte er es wörtlich, ‹eine Emigration, eine posthume literarische Emigration›». Peter Fabjan im Gespräch mit Karl Woisetschläger, in: Dreissinger (Hg.): Portraits, S. 316
3 Vgl. Heldenplatz. Eine Dokumentation. Hg. vom Burgtheater Wien, Jänner 1989, S. 85; eine Zusammenfassung der Politiker-Äußerungen und Zeitungs-Schlagzeilen gibt Andreas Razumovsky, in: FAZ, 15. Okt. 1988
4 Peter Fabjan im Gespräch mit Karl Woisetschläger, in: Dreissinger (Hg): Portraits, S. 313f.
5 Vgl. Maria Fialik: Der konservative Anarchist. Thomas Bernhard und das Staats-Theater. Wien 1991, S. 122ff.
6 Vgl. Sigrid Löffler: Farce. Tobsuchtsanfall. Weltblamage. In: profil, 17. Okt. 1988, zit. n. Heldenplatz. Eine Dokumentation, S. 95f.
7 Thomas Bernhard: Heldenplatz. Frankfurt a. M. 1988, S. 165
8 Franz Grillparzer: König Ottokars Glück und Ende. In: Sämtliche Werke. Bd. I. München 1960, S. 1036. Für die Schreibtischlade hatte freilich auch schon Grillparzer Österreich-Texte geschrieben, die den Anti-Prunkreden Thomas Bernhards in nichts nachstehen. «Hoch auf den höchsten Höhen / Gedeiht am besten das Rindvieh, / Da wohnen die seligen Trotteln ... Und ruhig auf Trottel den Ersten, / Wie Butter, folgt Trottel der Zweite.» Franz Grillparzer: Alpenszene. In: Sämtliche Werke. Bd. I, S. 257
9 Heldenplatz, S. 88
10 Heldenplatz. Eine Dokumentation, S. 36
11 Claus Peymann, zit. n. Fialik: Der konservative Anarchist, S. 22
12 Vgl. z. B. die fiktiven Leserbriefe in: Heldenplatz. Eine Dokumentation, S. 132
13 Ebenda, S. 25
14 Vgl. Walter Benjamins Essay «Karl Kraus», in: W. Benjamin: Über Literatur. Frankfurt a. M. 1970, S. 104ff., zugleich eine der besten kri-

tischen Einführungen in Thomas Bernhards Poetik. «Wie höchst banal und wie grundfalsch zugleich», nennt Benjamin «die Herleitung seines Hasses aus Liebe», und wie für Kraus gilt für Bernhard, daß hier etwas «Ursprünglicheres am Werke» ist: «eine Natur, die die hohe Schule des Menschenhasses und ein Mitleid, das nur verschränkt mit Rache lebendig ist» (S. 118)
15 Alfred Pfoser: Das Reiz-Reaktionsspiel. Thomas Bernhard und seine Skandal-Kunstwerke. Eine Chronik von Alfred Pfoser. In: Salzburger Nachrichten, 4. Nov. 1988, S. 16
16 Zit. n. Herbert Moritz: Thomas Bernhard – Vom Journalisten zum Dichter. Weitra 1992, S. 46
17 Thomas Bernhard – Eine Begegnung. Gespräche mit Krista Fleischmann. Wien 1991, S. 270
18 Gespräch mit Asta Scheib (1986), in: Sepp Dreissinger (Hg.): Von einer Katastrophe in die andere. 13 Gespräche mit Thomas Bernhard. Weitra 1992, S. 146
19 Vgl. Jens Dittmar (Hg.): Aus dem Gerichtssaal. Thomas Bernhards Salzburg in den 50er Jahren. Wien 1992, S. 76f. u. ders.: Sehr geschätzte Redaktion. Leserbriefe von und über Thomas Bernhard. Wien 1991, S. 9ff.
20 Abgedruckt in: Neues Forum XV 173 (1968), S. 349
21 Wittgensteins Neffe. Eine Freundschaft. Frankfurt a. M. 1987, S. 105ff. Vgl. auch die widersprechende Version in der Autobiographie von Hilde Spiel, in: H. Spiel: Welche Welt ist meine Welt? Erinnerungen 1946–1989. München und Leipzig 1990, S. 248
22 Frost. Roman. Frankfurt a. M. 1972, S. 265f.
23 Vgl. Jens Dittmar (Hg.): Thomas Bernhard. Werkgeschichte. Frankfurt a. M. 1990, S. 188f.
24 Zit. n. Fialik: Der konservative Anarchist, S. 22
25 Zit. n. Jens Dittmar (Hg.): Sehr geschätzte Redaktion, S. 67
26 Ebenda, S. 110f.
27 Holzfällen. Eine Erregung. Frankfurt a. M. 1988, S. 83

28 Thomas Bernhard – Eine Begegnung, S. 180 ff.
29 Dreissinger (Hg.): 13 Gespräche, S. 80
30 Auslöschung, S. 542. Aber die Romangestalt Maria im Roman ist doch wieder nicht einfach Ingeborg Bachmann, gerade die Kritik «des sich am Geist» versündigenden Künstlers dürfte Bernhard von der Lyrikerin Christine Lavant gekannt haben: «Überhaupt ist mir das Dichten so peinlich. Es ist schamlos [...] Kunst wie meine, ist nur verstümmeltes Leben, eine Sünde wider den Geist, unverzeihbar.» (Christine Lavant an Gernhard Deesen, 27. 3. 1962, in: A. Wigotschnig und J. Strutz: «Kunst wie meine ist nur verstümmeltes Leben». Salzburg 1978, S. 234)
31 Genauer aufgearbeitet bei Johann Sonnleitner: Heldenplatz und die Folgen: 1938–1988. Masch. Ms. Erscheint in den Schriften des Institutes für Österreichkunde, Wien 1994
32 Bernhard Sorg: Thomas Bernhard. München 1977, S. 183. Vgl. auch Alfred Barthofer: Wittgenstein mit Maske. Dichtung und Wahrheit in Thomas Bernhards Roman «Korrektur». In: Österreich in Geschichte und Literatur 1979, H. 4, S. 186f.
33 «Es ist, als würde ich über mich selbst etwas (Sätze!) schreiben müssen, und das geht nicht. Es ist ein Zustand von Kultur und Gehirn-Geschichte, der sich nicht beschreiben läßt. Die Frage ist nicht: schreibe ich über Wittgenstein. Die Frage ist: b i n ich Wittgenstein e i n e n Augenblick ohne ihn (W.) oder mich (B.) zu zerstören.» Thomas Bernhard, Brief an Hilde Spiel, Grand Hotel Imperial – Dubrovnik, 2. 3. 1971, in: Ver sacrum. Neue Hefte für Kunst und Literatur. Wien u. München 1971, S. 47
34 Ludwig Wittgenstein: Briefe. Hg. v. B. F. McGuiness und G. H. von Wright. Frankfurt a. M. 1980, S. 122
35 Ebenda, S. 112
36 Heldenplatz, S. 35
37 Ebenda, S. 19
38 Ebenda, S. 27
39 Ebenda, S. 39
40 Ebenda, S. 50

41 Ebenda, S. 65
42 Ebenda, S. 65 und S. 67
43 Ebenda, S. 68
44 Ebenda, S. 20
45 Ebenda, S. 91
46 Ebenda, S. 91
47 Thomas Bernhard: Die Mütze. In: Prosa. Frankfurt a. M. 1967, S. 16
48 Heldenplatz, S. 102
49 Ebenda, S. 164
50 Ebenda, S. 148
51 Ebenda, S. 101f.
52 In der Höhe. Rettungsversuch, Unsinn. Salzburg und Wien 1989, S. 99
53 Ebenda, S. 51
54 Ingeborg Bachmann: Politik und Physis (unveröffentlicht), Typoskript Nr. 2490 (abgedr. mit freundlicher Erlaubnis der Erben). Vgl. auch W. G. Sebald: Die Beschreibung des Unglücks. Salzburg und Wien 1985, S. 103f.
55 Ein Kind. München 1985, S. 132
56 Die Ursache. Eine Andeutung. München 1977, S. 11
57 Ein Kind, S. 114
58 Ebenda, S. 95 u. S. 84
59 Ebenda, S. 113
60 Ähnlich der archäologische Blick auf Lebensgeschichte und Historie bei Michel Foucault: Überwachen und Strafen. Frankfurt a. M. 1977
61 Ein Kind, S. 144ff.
62 Die Kälte. Eine Isolation. München 1984, S. 73
63 Ein Kind, S. 38
64 Die Ursache, S. 11
65 Ebenda, S. 20
66 Ebenda, S. 45
67 Ebenda, S. 58
68 Ebenda, S. 70
69 Ebenda, S. 75
70 Vgl. Friedbert Aspetsberger: Literarisches Leben im Austrofaschismus. Der Staatspreis. Königstein/Ts. 1980, S. 68
71 Thomas Bernhard: Rede. In: Anneliese Botond (Hg.): Über Thomas Bernhard, Frankfurt a. M. 1970, S. 7
72 Der Atem. Eine Entscheidung. München 1981, S. 36
73 Ebenda, S. 78
74 Laut Archiv-Auskunft war Bernhard vom 27. 7. 1949 bis 26. 2. 1950 und vom 13. 7. 1950 bis 11. 1. 1951 in der Lungenheilstätte Grafenhof
75 Die Kälte, S. 7
76 Ebenda, S. 20f.
77 Ebenda, S. 34
78 In der Höhe, S. 105f.
79 Auslöschung, S. 201, S. 185, S. 598 und S. 601. Zur Datierung des Entstehungszeitraums 1981/82 vgl. Ulrich Weinzierl: Bernhard als Erzieher. Thomas Bernhards «Auslöschung». In: Paul Michael Lützeler (Hg.): Spätmoderne und Postmoderne. Beiträge zur deutschsprachigen Gegenwartsliteratur. Frankfurt a. M. 1991, S. 193f.
80 Der Atem, S. 71
81 Verstörung, S. 53
82 Frost. Frankfurt a. M. 1972, S. 29
83 Ebenda, S. 28
84 Die Ursache, S. 59f.
85 Ein Kind, S. 60
86 Vgl. Louis Huguet: Thomas Bernhard ou le Silence du Sphinx. Recherches biographiques bernardiennes. Perpignan 1991, S. 87ff. (Cahiers de l'Université de Perpignan 11)
87 Im Rotterdamer Archiv (Archiefdienst, Robert Fruinstraat 52) befindet sich in der fremdenpolizeilichen Akte Thomas Bernhards die Eintragung: «18/11/1931, Wien, Wernhardstrasse 6/31», wahrscheinlich das Datum, an dem die Abreise Herta und Thomas Bernhards nach Wien registriert wurde. Vgl. Louis Huguet: Chronologie Freumbichler/Bernhard 1931. Masch. Ms., S. 6
88 Frost, S. 28
89 Drei Tage. In: Der Italiener. Salzburg 1971, S. 146
90 Verstörung, S. 112. Diesem Abschnitt liegt die wegweisende psychoanalytische Bernhard-Interpretation von Manfred Mittermayer zugrunde: Ich werden. Versuch einer Thomas-Bernhard-Lektüre. Stuttgart 1988; vgl. bes. S. 35ff.
91 Der Zimmerer. In: Thomas Bernhard: Prosa, S. 106
92 Alte Meister. Komödie. Frankfurt a. M. 1985, S. 108
93 Drei Tage, S. 158
94 Ebenda, S. 161
95 Ave Vergil. In: Thomas Bernhard: Gesammelte Gedichte. Frankfurt a. M. 1991, S. 251. Vgl. Bernd Seydel: Die Vernunft der Winterkälte. Gleichgültigkeit und Equilibris-

mus im Werk Thomas Bernhards. Würzburg 1986, S. 52ff.
96 Der Atem, S. 38
97 Ebenda, S. 37
98 Frost, S. 45
99 Dreissinger (Hg.): 13 Gespräche mit Thomas Bernhard, S. 140
100 Vgl. Andreas Herzog: Zu Thomas Bernhards Poetik der prosaischen Musik. Erscheint in Zs. f. Germanistik 1994, H. 1
101 Hans Wollschläger: Joyce pro toto oder Tiefenmuster der Sprache. Einige Überlegungen zur Kreativität der Künstler. In: Der Rabe 9, S. 191
102 Frost, S. 68
103 Schmerz. In: Gesammelte Gedichte, S. 333
104 Ebenda, S. 104
105 Vgl. Karl Ignaz Hennetmair: Aus dem versiegelten Tagebuch. Weihnacht mit Thomas Bernhard. Weitra 1992, S. 100 u. S. 143
106 In der Höhe, S. 10f.
107 Der Atem, S. 27
108 Johann Freumbichler: Notizbuch L/VI
109 Drei Tage, S. 146
110 Ein Kind, S. 69
111 Caroline Markolin: Die Großväter sind die Lehrer. Johannes Freumbichler und sein Enkel Thomas Bernhard. Salzburg 1988, S. 143
112 Vgl. Ein Kind, S. 44f.
113 Zit. n. Markolin: Die Großväter sind die Lehrer, S. 17
114 Briefsigle: 1927/38, ebenda, S. 111
115 April 1927, ebenda, S. 109
116 1926/4, ebenda, S. 105
117 1927/3, ebenda, S. 109
118 1927/37, ebenda, S. 109f.
119 1927/40, ebenda, S. 111
120 1927/20, ebenda, S. 105
121 1929/18, ebenda, S. 121
122 1927/68, ebenda, S. 115f.
123 Fab/Fr. 1936/2 u. 1936/4, ebenda, S. 139f.
124 Ingeborg Bachmann: Thomas Bernhard. In: Ingeborg Bachmann: Werke. Bd. IV. München, Zürich 1978, S. 364
125 Vgl. Der Atem, S. 78
126 Ebenda, S. 84ff.
127 Ebenda, S. 25 und S. 27
128 Ebenda, S. 82
129 Ebenda, S. 83
130 Die Kälte, S. 36
131 Der Atem, S. 93. Vgl. auch Die Kälte, S. 119: «Mit dem ihres Vaters sei auch ihr Leben zu Ende, sie soll das völlig ruhig gesagt haben.»
132 JF/22, undat., ca. 1927/28, zit. n. Markolin: Die Großväter sind die Lehrer, S. 123
133 Der Atem, S. 88
134 Ebenda, S. 119
135 Die Kälte, S. 141 und S. 67
136 Vgl. Herbert Moritz: Thomas Bernhard, S. 8ff.
137 Vgl. Rudolf Konrad Habringer: Thomas Bernhard als Journalist. Dokumentation eines Frühwerks. Masch. Ms. Salzburg 1984, S. 19f. Habringer ist der Nachweis dieses Textes zu verdanken
138 Die Landschaft der Mutter. In: Handschreiben der Stifterbibliothek 13 (1954), unpaginiert
139 Der Dichter aus Henndorf. In: Wiener Bücherbriefe. Wien 1957, S. 7ff.
140 Vgl. Juliane Vogel: Die Gebetsbücher des Philosophen – Lektüren in den Romanen Thomas Bernhards. In: Wendelin Schmidt-Dengler, Martin Huber (Hg.): Statt Bernhard. Über Misanthropie im Werk Thomas Bernhards. Wien 1987, S. 72ff. Vgl. auch Horst Pfeiffle: Bemerkungen zur Reflexion in der Erzählung «Gehen» von Thomas Bernhard. In: Wissenschaft und Weltbild 1974, H. 2, S. 135ff.
141 Vgl. Markolin: Die Großväter sind die Lehrer, S. 111, S. 113 und S. 127
142 Thomas Mann: Freud und die Zukunft. In: Thomas Mann: Gesammelte Werke in Einzelbänden. Frankfurt a. M. 1982, S. 926
143 Vgl. Ria Endres: Am Ende angekommen. Dargestellt am wahnhaften Dunkel der Männerporträts des Thomas Bernhard. Frankfurt a. M. 1980. Dazu auch Adelheid Klaus: Die Vorstellungsdimension von Weiblichkeit im Prosawerk Thomas Bernhards. Klagenfurt 1988, und Andrea Reiter: «Die Bachmann (...) war halt eine gescheite Frau. Eine seltsame Verbindung, nicht?» Das Bild der Frau in Thomas Bernhards Prosa. In: Die Rampe 2 (1992), S. 17ff.
144 Dreissinger (Hg.): 13 Gespräche mit Thomas Bernhard, S. 148

145 «Noch lachen die Kinder aus dem Stubenfenster, noch werfen die Bäume Schatten auf die Landstraße, riecht der Most uns herb an den Abenden. Dieses Dorf ist mir mehr als nur Heimstatt und Rastplatz. Seine Bewohner sind richtige Menschen. Sie schaffen, beten und handeln ...» Die Landschaft der Mutter. In: Handschreiben der Stifterbibliothek 13 (1954), zit. n. Dittmar: Werkgeschichte, S. 10
146 Thomas Bernhard: Der Dichter aus Henndorf, S. 7
147 Gesammelte Gedichte, S. 62
148 Großer, unbeschreiblicher Hunger. In: Stimmen der Gegenwart 1954, S. 138ff.
149 Die Kälte, S. 141
150 Zit. n. Jens Dittmar (Hg.): Aus dem Gerichtssaal, S. 170
151 Vgl. Moritz: Lehrjahre, S. 122
152 Zit. n. Michael Töteberg: Höhenflüge im Flachgau. Drei Anläufe, dreimal abgestürzt: die Vorgeschichte des Autors Thomas Bernhard. In: Text und Kritik 43 (1991), S. 5
153 Vgl. ebenda, S. 9. Sehr viel differenzierter Manfred Mixner: Vom Leben zum Tode. Die Einleitung des Negationsprozesses im Frühwerk von Thomas Bernhard. In: Manfred Jurgensen (Hg.): Thomas Bernhard. Annäherungen. Bern und München 1981, S. 65ff.
154 Vgl. Günther G. Bauer: Der Absolvent Thomas Bernhard. Der Schriftsteller besuchte die Akademie «Mozarteum». In: Salzburger Nachrichten, 25. Februar 1989, S. 27
155 Frost, S. 188f.
156 Ebenda, S. 236ff.
157 Vgl. Hennetmair: Aus dem versiegelten Tagebuch, S. 18
158 Vgl. Rüdiger Wischenbart: Zur Auseinandersetzung um die Moderne. Literarischer «Nachholbedarf» – Auflösung der Literatur. In: Friedbert Aspetsberger, Norbert Frei, Hubert Lengauer (Hg.): Literatur der Nachkriegszeit und der fünfziger Jahre in Österreich. Wien 1984, S. 353
159 Gesammelte Gedichte, S. 277
160 Nach «Großer, unbegreiflicher Hunger» (1954) veröffentlichte Bernhard 1956 noch «der Schweinehüter» in den «Stimmen der Gegenwart»
161 H. C. Artmann: Ein schreckliches Theaterstück. In: H. C. Artmann: Von der Wiener Seite. Berlin 1972, S. 40
162 Die Rosen der Einöde. Zwei Szenen. In: Die Neue Rundschau 1958, S. 382
163 Vgl. Dittmar: Werkgeschichte, S. 40
164 Ebenda, S. 39ff.
165 Vgl. Konrad Bayer: h. c. artmann und die wiener dichtergruppe. In: Otto Breicha, Gerhard Fritsch (Hg.): Aufforderung zum Mißtrauen. Literatur, Bildende Kunst, Musik in Österreich seit 1945. Salzburg 1967, S. 344
166 Vgl. Bernhards polemischen Leserbrief zur Tonhof-Aufführung seiner Texte in der «Wochenpresse» vom 13. 8. 1960, abgedruckt u. a. in: Tonhof. Österreichs literarische Avantgarde der 50er Jahre zu Gast in Kärnten. In: Fidibus. Zeitschrift für Literatur und Literaturwissenschaft 20 (1992), S. 120
167 Th. W. Adorno: Ohne Leitbild. Parva Aesthetica. Frankfurt a. M. 1967, S. 165
168 Ein junger Schriftsteller: In: Wort in der Zeit 1965, H. 1–2, S. 56ff.
169 Wittgensteins Neffe. Eine Freundschaft. Frankfurt a. M. 1987, S. 30
170 Dreissinger (Hg.): 13 Gespräche mit Thomas Bernhard. S. 160
171 Alte Meister, S. 249 und S. 284
172 Vgl. Karl Müller: Zäsuren ohne Folgen. Das lange Leben der literarischen Antimoderne Österreichs seit den 30er Jahren. Salzburg 1990, S. 267ff.
173 Vgl. Kurt Palm: Vom Boykott zur Anerkennung. Brecht und Österreich. Wien 1983
174 Ernst Jandl: zeichen. Zit. n. Rüdiger Wischenbart: Zur Auseinandersetzung um die Moderne. In: Aspetsberger u. a. (Hg.): Literatur der Nachkriegszeit, S. 361
175 Vgl. H. C. Artmanns «Manifest» (1956) «gegen das makabre kasperltheater» einer «wiederbewaffnung» in Österreich. In: Gerhard Rühm (Hg.): Die Wiener

Gruppe. Reinbek bei Hamburg 1967, S. 18f. Fünfzehn Jahre später unterschrieb der sonst gegen jeden öffentlichen Protest reservierte Thomas Bernhard ein Volksbegehren zur Abschaffung des Österreichischen Bundesheeres
176 In der Höhe, S. 5
177 Gesammelte Gedichte, S. 335
178 Thomas Bernhard: Notiz. In: Christine Lavant: Gedichte. Frankfurt a. M. 1988, S. 91
179 Die Kälte, S. 62
180 Gesammelte Gedichte, S. 75ff.
181 Auf den schwarzen Truhen der Bauernerde, ebenda, S. 17
182 Unter dem klagenden Mond, ebenda, S. 41
183 Ebenda, S. 51
184 Peter Hamm: Auf der Erde in der Hölle. Thomas Bernhard als Lyriker. In: Die Zeit, 26. April 1991, S. 18
185 Gesammelte Gedichte, S. 16
186 Auslöschung, S. 201. Vgl. z. B. auch «Korrektur», S. 272: «worunter wir immer gelitten haben, die Herkunft und alles, was mit unserer Herkunft zusammenhängt [...], alles, das ist vor allem und in erster Linie unsere Herkunftsgeschichte, besteht diese Herkunftsgeschichte für uns auch aus nichts als Marter»
187 Alte Meister, S. 96
188 Gesammelte Gedichte, S. 19
189 Ebenda, S. 31
190 Ebenda, S. 74
191 Ebenda, S. 62
192 In hora mortis, ebenda, S. 129
193 Ebenda, S. 133
194 Ebenda, S. 138
195 Ebenda, S. 150
196 Adrien Fink: Im Zeichen Trakls. Die frühe Lyrik Thomas Bernhards. In: A. Fink, H. Weichselbaum (Hg.): Antworten auf Georg Trakl. Salzburg 1992, S. 136. Vgl. auch Josef Donnenberg: War Thomas Bernhards Lyrik eine Sackgasse? In: In Sachen Thomas Bernhard, S. 9ff.
197 Zit. n. den Notizen von Dr. Zangerle in der Korrespondenz des Otto Müller Verlags
198 Gerhard Fritsch: Gutachten, zit. mit dem Einverständnis von Bärbel Fritsch
199 Ebenda, S. 25 und S. 26
200 Wieland Schmied: Thomas Bernhard. In: Wort in der Zeit 1958, H. 9, S. 55
201 Ebenda, S. 323
202 Vgl. Schmerz, ebenda, S. 333. Vgl. auch «Erinnerung an die tote Mutter», S. 334: «In der Totenkammer liegt ein weißes Gesicht, du kannst es aufheben / und heimtragen, aber besser, du verscharrst es im Elterngrab»
203 Ebenda, S. 324
204 Ebenda, S. 328
205 Ingeborg Bachmann: Thomas Bernhard, Werke. Bd. IV, S. 363
206 Der Schweinehüter. In: Stimmen der Gegenwart 1956, S. 172
207 Ebenda, S. 5
208 «das Gas hat ihre Köpfe aufgeblasen, ihnen die Gehörgänge verstopft: eine richtige Riesenschaufel schiebt die tote Masse dieser Menschen in einen riesigen Ofen hinein: die Hitze ist so groß, daß alles zu Staub zerfällt» (ebenda, S. 51)
209 Wieland Schmied: Der Lyriker wird Romancier. Zur Erinnerung an Thomas Bernhard. In: Dreissinger (Hg.): Portraits, S. 320
210 Zit. n. Peter Hamm: Auf der Erde in der Hölle, S. 1
211 Frost, S. 138f.
212 Der Italiener. Fragment, S. 141f.
213 Zit. n. Konstanze Fliedl, Karl Wagner: Tote Zeit. Zum Problem der Darstellung von Geschichtserfahrung in den Romanen Erich Frieds und Hans Leberts, in: Aspetsberger, Frei, Lengauer, ebenda, S. 303ff.
214 Frost, S. 53
215 Ebenda, S. 299
216 Ebenda, S. 14
217 Ebenda, S. 52, S. 251 und S. 25
218 Ebenda, S. 12
219 Ein junger Schriftsteller. In: Wort in der Zeit 11 (1965), S. 57f. Vgl. dazu Josef Donnenberg: War Thomas Bernhards Lyrik eine Sackgasse?, S. 9ff.
220 Frost, S. 102
221 «Wenn man nachforscht, kommt man bei jedem Menschen auf alle Ursachen» (Frost, S. 148)
222 Ebenda, S. 137
223 Ebenda, S. 7

224 Eine erste umfassende Untersuchung der Veränderungen im literarischen Schaffen von Thomas Bernhard seit «Frost» enthält die Leipziger Dissertation von Andreas Herzog: Von «Frost» (1963) zu «Auslöschung» (1986). Grundzüge des literarischen Schaffens Thomas Bernhards. Leipzig 1989
225 Amras. Frankfurt a. M. 1965, S. 96
226 Ebenda, S. 15
227 Ebenda, S. 29
228 Ebenda, S. 39
229 Ebenda, S. 99
230 Peter Handke: Als ich «Verstörung» von Bernhard las. In: Über Thomas Bernhard, S. 101. Vgl. dazu auch Walter Weiss: Thomas Bernhard – Peter Handke: Parallelen und Gegensätze. In: Alfred Pittertschatscher, Johann Lachinger (Hg.): Literarisches Kolloquium Linz 1984: Thomas Bernhard. Linz 1985, S. 1ff.
231 Ebenda, S. 102
232 Amras, S. 23f.
233 Korrektur, S. 68ff.
234 Ebenda, S. 361
235 Ingeborg Bachmann: Thomas Bernhard, S. 363
236 Ja. Frankfurt a. M. 1988, S. 74f.
237 Ebenda, S. 56
238 Ebenda, S. 58
239 Verstörung, S. 144
240 Frost, S. 53
241 Erzählungen, S. 98
242 Vgl. Ludwig Wittgenstein: Tractatus logico-philosophicus. Logisch-philosophische Abhandlung. Frankfurt a. M. 1969, S. 11
243 Ungenach, S. 13
244 Korrektur, S. 355
245 Auslöschung, S. 650
246 Das Kalkwerk. Frankfurt a. M. 1973, S. 19. Vgl. Karlheinz Rossbacher: «Das Kalkwerk» (1970). In: Paul Michael Lützeler (Hg.): Deutsche Romane des 20. Jahrhunderts. Neue Interpretationen. Königstein/Ts. 1983, S. 372ff.
247 Thomas Bernhard im Gespräch mit Walter Pilar, in: Hohe Kultur im Salzkammergut. In: wespennest 80 (1990), S. 51
248 Adalbert Stifter: Feldblumen. In: A. Stifter: Studien. Augsburg 1955, S. 157
249 Insgeheim hat Bernhard die Farbenlehre seines Seekirchner Kindheitsparadieses im strengen Stil seines Interieurs wiederaufleben lassen: «Die Welt war nicht aus Mauern wie in Wien», heißt es in «Ein Kind», «sie war grün im Sommer, braun im Herbst, weiß im Winter, die Jahreszeiten waren noch nicht so ineinandergeschoben wie heute» (S. 70)
250 Heldenplatz, S. 85
251 Der Theatermacher. Stücke 4, S. 47
252 Korrektur, S. 274
253 Ebenda, S. 271
254 Ebenda, S. 109
255 Ebenda, S. 108
256 Ebenda, S. 217
257 Zit. n. Kurt Wuchterl, Adolf Hübner: Ludwig Wittgenstein. Reinbek bei Hamburg 1979, S. 102f. Vgl. auch Alfred Barthofer: Wittgenstein mit Maske. Dichtung und Wahrheit in Thomas Bernhards Roman «Korrektur». In: Österreich in Geschichte und Literatur 23 (1979), S. 186ff.
258 Korrektur, S. 210
259 Ebenda, S. 272
260 Ebenda, S. 227
261 Ebenda, S. 223
262 Ebenda, S. 272
263 Ebenda, S. 215 und S. 217
264 Ebenda, S. 158f.
265 Ebenda, S. 363 und S. 237
266 Auslöschung, S. 237
267 Vgl. Hennetmair: Aus dem versiegelten Tagebuch
268 Ebenda, S. 80
269 Midland in Stilfs. In: Thomas Bernhard: Erzählungen. Frankfurt a. M. 1988, S. 112
270 Das Kalkwerk, S. 26
271 Auslöschung, S. 615
272 Ja, S. 89
273 Ebenda, S. 57
274 Aufzuwachen und ein Haus zu haben ... In: Gesammelte Gedichte, S. 293
275 Die Ursache, S. 50
276 Ebenda, S. 26
277 Ja, S. 78
278 Ebenda, S. 78
279 Ebenda
280 Sigmund Freud: Das Unbehagen in der Kultur. In: S. Freud: Abriß der Psychoanalyse. Das Unbehagen in

der Kultur. Frankfurt a. M. 1989, S. 69f.
281 Die Ursache, S. 8. Vgl. dazu Hermann Burger: Schönheitsmuseum – Todesmuseum. Thomas Bernhards Salzburg. Ein Gegenstadtplan zur Festspielstadt. In: Tages-Anzeiger-Magazin 41, 10. Oktober 1981, S. 25ff.; Jean Améry: Morbus Austriaca. In: Merkur 30 (1976), S. 91ff.; Hilde Spiel: Thomas Bernhard in Salzburg. In: H. Spiel: Kleine Schritte. Berichte und Geschichten. München 1976, S. 164ff.
282 Die Ursache, S. 44
283 Ebenda
284 Salzburg. In: Gesammelte Gedichte, S. 281, 1954 in «Die österreichische Furche» Nr. 31 erschienen
285 Hugo von Hofmannsthal: Festspiele in Salzburg. In: Ausgewählte Werke. Bd II. Frankfurt a. M. 1957, S. 619f.
286 Ebenda, S. 620
287 Der Italiener. Fragment, S. 132
288 Der Atem, S. 40f.
289 Ein Kind, S. 24
290 Die Ursache, S. 34
291 Holzfällen. Wien 1984. In: Thomas Bernhard – Eine Begegnung. Gespräche mit Krista Fleischmann, S. 159ff.; «Die Ursache bin ich selbst». Madrid 1986, ebenda, S. 201ff.
292 Ebenda, S. 106 und S. 104
293 Ebenda, S. 142ff.
294 Ebenda, S. 92: «Meine erste Konfrontation mit Scheinheiligkeit war die mit der Kirche, als Kind»
295 Ein Kind, S. 86
296 Die Kälte, S. 84f.
297 Der Keller, S. 106
298 Ein Kind, S. 85
299 Wittgensteins Neffe. Eine Freundschaft. Frankfurt a. M. 1987, S. 9
300 Der Keller, S. 71
301 Ebenda, S. 71
302 Carl Zuckmayer: Ein Sinnbild der großen Kälte. In: Anneliese Botond (Hg.): Über Thomas Bernhard, S. 82
303 Vgl. z. B. Der Keller, S. 33
304 Die Kälte, S. 40
305 Die Ursache, S. 55
306 Theodor W. Adorno: Versuch, das Endspiel zu verstehen. In: Th. W. Adorno: Noten zur Literatur. Frankfurt a. M. 1981, S. 285
307 Vgl. Friedrich Heer: Der Glaube des Adolf Hitler. Anatomie einer politischen Religiosität. München und Eßlingen 1968; Gert Kerschaumer, Karl Müller: Begnadet für das Schöne. Der rot-weiß-rote Kulturkampf gegen die Moderne. Wien 1992
308 Stefan Zweig: Brief an Romain Rolland, 2. Mai 1938
309 Die Ursache, S. 44
310 Die geschichtliche Signatur der österreichischen Literatur nach 1945 ist am Werk Ingeborg Bachmanns besser aufgearbeitet worden; grundlegend auch für die epochenspezifische Deutung von Bernhards Werk: Irene Heidelberger-Leonard: Ingeborg Bachmann und Jean Améry: Zur Differenz zwischen der Ästhetisierung des Leidens und der Authentizität traumatischer Erfahrung. In: Andrea Stoll (Hg.): Ingeborg Bachmanns «Malina». Frankfurt a. M. 1992, S. 288ff.
311 Benjamin Henrichs: Der Triumph des Untergehers. In: Dreissinger (Hg.): Portraits, S. 304. Vgl. dazu den wichtigen Beitrag von Giuseppina Scarpati: Dimensioni dell' hebraismo nella letteratura degli anni ottanta in Austria. In: Marino Freschi (Hg.): Hebraismo e modelli di romanzo. Napoli 1989, S. 175 – 223
312 Auslöschung, S. 231. Vgl. Andreas Gößling: Die «Eisenbergrichtung»: Versuch über Thomas Bernhards «Auslöschung». Münster o. J.
313 Vgl. Ingeborg Bachmann: Auf das Opfer darf keiner sich berufen. In: Ingeborg Bachmann: Werke. Bd. IV, S. 335
314 Vgl. Herbert Gamper: Thomas Bernhard. München 1977, S. 83
315 Ebenda, S. 84
316 Vgl. Jean-Marie Winkler: L'attente et la fête. Recherches sur le théâtre de Thomas Bernard. Bern, Frankfurt a. M., New York, Paris 1989, S. 26ff.
317 Ein Fest für Boris, Stücke 1, S. 47f.
318 Vor dem Ruhestand, Stücke 3, S. 85 und S. 110

319 Vgl. die Dokumentation bei Dittmar: Werkgeschichte, S. 209ff.
320 Claus Peymann: Thomas Bernhard auf die Bühne. In: Literarisches Kolloquium Linz 1984: Thomas Bernhard. Materialien, S. 193f.
321 Der Theatermacher, Stücke 4, S. 94
322 Vgl. Maria Fialik: Der Charismatiker. Thomas Bernhard und die Freunde von einst. Wien 1992, S. 171
323 Peter Rühmkorf: Die Rolle des Rollstuhls in der zeitgenössischen Dramatik. In: konkret, 25. 2. 1971. Zit. n. Dittmar: Werkgeschichte, S. 119f.
324 Vgl. Winkler: L'attente et la fête, S. 15ff.
325 Christian Klug: Thomas Bernhards Theaterstücke. Stuttgart 1991, S. 99. Vgl. auch Matthias Part: Krüppelfiguren in der Gegenwartsliteratur – Ein Symbol für unsere verkrüppelte Welt? Dargestellt besonders anhand von Werken Thomas Bernhards und Franz Xaver Kroetz'. Masch. Ms. Salzburg 1988
326 Hugo von Hofmannsthal: Das alte Spiel vom Jedermann. Ausgewählte Werke. Bd. II, S. 532
327 Ein Fest für Boris, S. 39 und S. 50f.
328 Ebenda, S. 77
329 In der Höhe, S. 30
330 Blaise Pascal: Gedanken. Stuttgart 1956, S. 73
331 Der Schweinehüter. In: Stimmen der Gegenwart 1956, S. 160
332 «Keiner hat jemals einen Einfluß Genets auf mein Werk vermutet, aber ‹Les Bonnes›, ein wunderschöner Text, hat mich direkt zur ersten Version meines ersten Theaterstückes ‹Ein Fest für Boris› angeregt, das in seiner ersten Fassung mit ‹Die erfundene Herrin› betitelt war und von einem Diener erzählte, der sich das Verhalten seiner Herrin vorstellt.» In: Dreissinger (Hg.): 13 Gespräche, S. 102
333 Heldenplatz, S. 102
334 Vgl. Andreas Herzog: Zu Thomas Bernhards Poetik der prosaischen Musik. Erscheint in «Zeitschrift für Germanistik» 1994, H. 1
335 Hilarion Petzold spricht in einer Arbeit über «Poesie- und Bibliotherapie mit alten Menschen, Kranken und Sterbenden» von einem «Monolog aus Not»: die «Perseveration» werde zum sprachlichen Verkettungsmittel einer Rede, die sich «in sich hält und nicht mehr von der Umwelt gehalten wird», der Dialog sei zerstört, Idiosynkrasien beherrschen die Rede. In: H. Petzold, Ilse Orth (Hg.): Poesie und Therapie. Über die Heilkraft der Sprache. Paderborn 1985, S. 249f. Vgl. auch Ryszard Forys: Der isolierte Mensch. In: Acta Germanica Wratislawensia 20 (1974), S. 185ff.
336 Die verschiedenen Aspekte der Musik bei Bernhard, biographische, inhaltlich-thematische, kunstphilosophische, historische und stilistisch formale Betrachtungsweise, werden differenziert und umfassend erörtert bei A. Herzog: Zu Thomas Bernhards Poetik der prosaischen Musik
337 Der Keller, S. 72
338 Die Jagdgesellschaft, Stücke 1, S. 189
339 Ebenda, S. 229
340 Walter Benjamin: Ursprung des deutschen Trauerspiels. Frankfurt a. M. 1963, S. 66
341 Der Präsident, Stücke 2, S. 30
342 Ebenda, S. 36
343 Ebenda, S. 92
344 Ebenda, S. 99
345 Ebenda, S. 90
346 Ebenda, S. 112
347 Ebenda, S. 98
348 Ebenda, S. 86f.
349 Ebenda, S. 109
350 Ebenda, S. 109
351 Ebenda, S. 49
352 Ebenda, S. 50
353 Ebenda, S. 65
354 «daß ich und alle anderen mit allen verwandt sind. Daß auch ein Filbinger in mir ist wie in allen anderen. Daß auch der liebe Gott […] diese Millionen oder Milliarden von Möglichkeiten von Menschen, die man in sich hat». In: Dreissinger (Hg.): 13 Gespräche, S. 77
355 Vgl. Sigrid Löffler, in: profil Nr. 42, 17. Oktober 1988, Dokumentation, S. 96
356 Vgl. Theater heute 4/1989, S. 17
357 «Es sind ganz einfach Sätze, eine

Landschaft, die sich aufbaut in ein paar Wörtern [...] eine Skizze von Lermontov, natürlich Dostojewski, Turgenjew, im Grunde alle Russen.» Thomas Bernhard: Drei Tage, in: Der Italiener, S. 157
358 Die Jagdgesellschaft, S. 197
359 Ebenda, S. 183
360 Ebenda, S. 245
361 Hennetmair: Aus dem versiegelten Tagebuch, S. 148 bzw. S. 93f.
362 Die Macht der Gewohnheit, Stücke 1, S. 349
363 Die Feuer- und die Wasserprobe. Gespräche mit Thomas Bernhard. Ein Film von Norbert Beilharz (1978)
364 Schauspielhaus Bochum. Das Bochumer Ensemble: ein deutsches Stadttheater 1979–1986. Königstein 1986, S. 535
365 Jan Kott: König Lear oder das Endspiel. In: J. Kott: Shakespeare heute. München 1980, S. 133
366 Minetti, Stücke 2, S. 206
367 Rolf Michaelis: Kunstkrüppel vom Übertreibungskünstler. Zu Bernhards Theaterstücken 1974–1982. In: Text und Kritik 43 (1982), S. 41
368 Minetti, Stücke 2, S. 223f.
369 Frost, S. 189
370 Gerda Maleta: Seteais. Tage mit Thomas Bernhard. Weitra 1992, S. 39f.
371 Dreissinger (Hg.): 13 Gespräche, S. 145
372 Thomas Bernhard – Eine Begegnung, S. 43
373 Dreissinger (Hg.): 13 Gespräche, S. 102; Jean-Paul Sartre: Saint Genet, comédien et martyr. Paris 1952
374 Josef Kaut: Das schwarze Scherzo Thomas Bernhards. In: Dreissinger (Hg.): Portraits, S. 241
375 Der Theatermacher, Stücke 4, S. 16
376 Max Horkheimer, Theodor W. Adorno: Dialektik der Aufklärung. Frankfurt a. M. 1969, S. 25
377 Mit der Klarheit nimmt die Kälte zu. In: Jahresring 65/66 (1965), S. 243
378 Der Theatermacher, S. 32 u. S. 36
379 «die Märchen sind vorbei, die Märchen von den Städten und von den Staaten und die ganzen wissenschaftlichen Märchen [...] Mit der Klarheit nimmt die Kälte zu. Diese Klarheit und diese Kälte werden von jetzt an herrschen.» In: Jahresring 65/66, S. 243ff.
380 Der Theatermacher, S. 62
381 Thomas Bernhard – Eine Erinnerung, S. 161
382 Die Kälte, S. 108
383 Monika Kohlhage: Das Phänomen der Krankheit im Werk Thomas Bernhards. Herzogenrath 1987, S. 39
384 Wittgensteins Neffe, S. 126
385 Peter Fabjan, in: Thomas Bernhard – Eine Erinnerung, S. 160f.
386 Peter Fabjan im Gespräch mit Karl Woisetschläger. In: Dreissinger (Hg.): Portraits, S. 313
387 Ebenda, S. 313
388 Elfriede Jelinek, in: Theater heute 4/1989, S. 20
389 Dieser aufmerksame Blick für die Sprache als «Lebensform» (Ludwig Wittgenstein) bzw. als «Ausdruck seelischer Tätigkeit» (Sigmund Freud) gehört in den Zusammenhang der für die österreichische Literatur dieses Jahrhunderts charakteristischen Sprachproblematik, Sprachthematisierung und Sprachreflexion
390 Ja, S. 126
391 Ebenda, S. 68
392 Ebenda, S. 69
393 Ebenda, S. 128
394 Der Theatermacher, S. 52
395 Heldenplatz, S. 20
396 Beton, S. 85
397 Ebenda, S. 84
398 Wittgensteins Neffe, S. 20
399 Beton, S. 57
400 Heldenplatz, S. 91
401 Der Untergeher. Frankfurt a. M. 1988, S. 134
402 Frost, S. 189
403 Auslöschung, S. 10
404 Der Stimmenimitator. Frankfurt a. M. 1978, S. 169
405 Auslöschung, S. 33
406 Beton, S. 80
407 Peter Fabjan, in: Thomas Bernhard – Eine Erinnerung, S. 164
408 Dreissinger (Hg.): Portraits, S. 313
409 Alexander Üxküll, in: Thomas Bernhard – Eine Erinnerung, S. 73
410 Dreissinger (Hg.): Portraits, S. 317f.

Zeittafel

1931	Nicolaas Thomas Bernhard wird am 9. Februar in Heerlen, Holland, geboren. Die ledige Mutter, Herta Bernhard, Tochter von Anna Bernhard und dem Heimatschriftsteller Johannes Freumbichler, hatte im Sommer 1930 Österreich verlassen, um in Holland als Dienstmädchen zu arbeiten. Der Vater des unehelichen Kindes, Alois Zuckerstätter, ein Tischler aus dem salzburgischen Henndorf, setzt sich nach der Geburt des Kindes nach Deutschland ab. Im Herbst 1931 bringt Herta Bernhard das Kind zu ihren Eltern nach Wien, sie selber arbeitet weiter in Holland. Das Kind bleibt bei den Großeltern in Wien, Wernhardtstraße 6
1935	Die Großeltern übersiedeln mit ihrem Enkelkind nach Seekirchen im Land Salzburg. Für das Kind sind die Jahre in Seekirchen die glücklichste Zeit, das *Paradies*
1937	Um den Jahreswechsel 1937/38 nimmt die Mutter, nun verehelichte Fabjan, das Kind zu sich nach Traunstein in Deutschland, wo ihr Mann Emil Fabjan als Friseur Arbeit gefunden hat. Das Kind gerät in schulische Schwierigkeiten. Im Verlauf des Jahres ziehen die Großeltern ins nahegelegene Ettendorf um
1940	Selbstmord des leiblichen Vaters von Thomas Bernhard in Berlin
1942	Thomas, mit dem die Mutter nicht zu Rande kommt, wird wahrscheinlich 1942 in ein NS-Erziehungsheim im thüringischen Saalfeld «verschickt»
1943	Ab Herbst zur Fortsetzung der Hauptschule in Salzburg. Er ist in einem NS-Schülerheim untergebracht
1944	Nach dem schwersten Bombenangriff auf die Stadt Salzburg wird Thomas Bernhard gegen Jahresende nach Traunstein zurückgeholt. Auch in den schlimmsten Zeiten drängt der Großvater auf die künstlerische Ausbildung seines Enkels, läßt ihm Geigenunterricht, Zeichen- und Malunterricht erteilen, obwohl es in der Familie am Nötigsten fehlt. Die oft erwähnte Arbeit als Gärtnergehilfe in Traunstein ist eine Fiktion
1945	Rückkehr nach Salzburg im September, jetzt ins katholische Schülerheim Johanneum. Besuch des Humanistischen Gymnasiums
1946	Übersiedlung der nächsten Verwandten, der Mutter und des Stiefvaters mit ihren zwei Kindern Peter und Susanne, des Onkels Farald Pichler, sowie der Großeltern mütterlicherseits in eine Zweizimmerwohnung in Salzburg, Radetzkystraße 10
1947	Thomas Bernhard verläßt sechzehnjährig im April das Gymnasium und beginnt eine Lehre in einem Lebensmittelgeschäft, dem «Keller» in der

Scherzhauserfeldsiedlung, einem der ärmsten Wohnviertel der Stadt. Neben der Verkäuferlehre nimmt Bernhard privaten Musik- und Gesangsunterricht

1949 Aufgrund einer nicht ausgeheilten Erkältung und der allgemeinen Entbehrungen der Kriegs- und Nachkriegszeit erkrankt er im Jänner an einer schweren Rippenfellentzündung, aus der sich in der Folge eine Lungentuberkulose entwickelt. Unmittelbar zuvor war sein Großvater, der Schriftsteller Johannes Freumbichler, ins Krankenhaus eingeliefert worden, wohin ihm nun der Enkel *nachfolgt.* Der Großvater stirbt am 11. Februar 1949 an einer Nierenkrankheit. In den anschließenden Aufenthalten in Sanatorien und Lungenheilstätten, die sich bis zum Jänner 1951 hinziehen, beginnt Thomas Bernhard intensiv zu lesen und zu schreiben; seine musikalische Bildung wird durch einen Mitpatienten, den Kapellmeister Rudolf Brändle, gefördert

1950 Im Sommer erscheinen unter Pseudonymen erste kurze Erzählungen Thomas Bernhards in einer Salzburger Zeitung. Tod der Mutter. Während des Aufenthalts in der Lungenheilstätte Grafenhof bei St. Veit lernt Thomas Bernhard die 35 Jahre ältere Hedwig Stavianicek kennen. Sie begleitet bis zu ihrem Tod im Jahr 1984 seinen Lebensweg. Durch die in Wien ansässige Lebensgefährtin erhält der angehende Schriftsteller einen Zugang zur kulturellen Szene in der österreichischen Hauptstadt. Auch die ersten Reisen unternimmt er gemeinsam mit ihr (Venedig, 1952; Jugoslawien, 1953; Sizilien, 1956)

1952 Thomas Bernhard wird durch die Vermittlung Carl Zuckmayers Journalist beim Salzburger «Demokratischen Volksblatt», zuständig vor allem für regionale Kulturberichterstattung und Berichte aus dem Gerichtssaal. Fortsetzung der literarischen Arbeit und der Gesangsausbildung

1955 Bernhard wird wegen eines Artikels über das Salzburger Landestheater wegen Ehrenbeleidigung angeklagt. Im Anschluß an die hauptsächlich journalistische Tätigkeit Besuch des Schauspiel- und Regie-Seminars am Salzburger Mozarteum bis Sommer 1957. Während dieser Zeit wohnt Bernhard zufälligerweise im Johannes-Freumbichler-Weg

1956 In den «Stimmen der Gegenwart», einer Wiener Literaturzeitschrift, erscheint *Der Schweinehüter,* eine Erzählung, mit der Thomas Bernhard für immer die idyllisierenden Schreibanfänge verlassen hat. Er verfügt inzwischen über ein hilfreiches Netz literarischer Kontakte vor allem in Wien. Wieland Schmied, Gerhard Fritsch und Jeannie Ebner gehören zu seinen Förderern

1957 Der erste Lyrik-Band Thomas Bernhards, *Auf der Erde und in der Hölle,* wird im Salzburger Otto Müller Verlag veröffentlicht. 1958 folgt *In hora mortis,* noch im selben Jahr *Unter dem Eisen des Mondes. Gedichte* im Verlag Kiepenheuer & Witsch
Im Sommer lernt Bernhard den Komponisten Gerhard Lampersberg und seine Frau Maja kennen. Freundschaft, Mäzenat und künstlerische Inspiration bestimmen diese Beziehung, in deren Verlauf Bernhard avantgardistische Schreibtechniken verwenden lernt. *die rosen der einöde. fünf sätze für ballett, stimmen und orchester,* 1959 erschienen, entstammen der Sphäre des Lampersberg-Kreises. Auch die 1959 in der Zeitschrift «Wort in der Zeit» unter dem Titel *Ereignisse* abgedruckte Kurzprosa ist nun

	von stilistischer Verknappung und einem neuen lakonischen Schreibgestus geprägt
1960	Bruch der Beziehung mit den Lampersbergs. Im Juli werden noch Bernhards Opernlibretto *Köpfe* sowie die surrealistischen Kurzdramen *Die Erfundene, Rosa* und *Frühling* in Maria Saal aufgeführt. Der oft erwähnte Englandaufenthalt – Bibliothekar in London! – dauerte in Wirklichkeit nur wenige Tage. Bernhard kehrte nach einem Zwischenaufenthalt in Paris nach Wien zurück
1961	Der Lyrikband mit dem Titel *Frost,* den Bernhard beim Otto Müller Verlag einreicht, wird nicht mehr angenommen. Die meisten dieser zirka 140 Gedichte bleiben unveröffentlicht
1962	Der Titel *Frost* wird für den Roman übernommen, den Bernhard im Sommer fertigstellt. Der Gedichtband *Die Irren. Die Häftlinge* erscheint als Privatdruck in Klagenfurt
1963	Reise nach Polen auf Einladung von Annemarie Siller. Der Roman *Frost* erscheint im Frühjahr 1963 im Insel Verlag und wird in den Zeitungen als bedeutendes literarisches Ereignis gewürdigt
1964	*Amras* erscheint, das Buch, das Bernhard zeitlebens von allen seinen Büchern am meisten geschätzt hat. Julius-Campe-Preis
1965	Am Jahresbeginn erwirbt der Schriftsteller einen alten Bauernhof in Ohlsdorf, Oberösterreich. Fast ein Jahrzehnt nehmen die Umbau- und Restaurierungsarbeiten den Schriftsteller in Anspruch. Der sich einstellende literarische Erfolg ermöglicht andere Hauskäufe, in den Romanen und Erzählungen werden Häuser und Liegenschaften zu zentralen Themenkomplexen. Für *Frost* erhält er den Bremer Literaturpreis
1967	Der zweite Roman, *Verstörung,* erscheint. Im Sommer muß sich Bernhard einer schweren Operation im pulmologischen Krankenhaus auf der Baumgartnerhöhe in Wien unterziehen. Im selben Jahr kommt ein Band mit Erzählungen, *Prosa,* heraus
1968	Bernhard erhält den sogenannten Kleinen Österreichischen Staatspreis. Seine Dankrede wird zu einem der vielen Eklats, die sein Werk und seine Auftritte bis zuletzt begleiten. Fast Jahr für Jahr kommen nun seine Bücher auf den Markt. *Ungenach* erscheint. *Amras* wird im Linzer Landestheater als Ballett aufgeführt
1969	Gleich drei Prosabände erscheinen in einem Jahr: *Watten* (Suhrkamp Verlag), *Ereignisse* (Literarisches Colloquium Berlin) und *An der Baumgrenze* (Residenz Verlag)
1970	*Das Kalkwerk,* Bernhards dritter Roman, erscheint. Der Schriftsteller erhält den angesehenen Georg-Büchner-Preis. Im Hamburger Schauspielhaus wird Bernhards erstes abendfüllendes Theaterstück, *Ein Fest für Boris,* unter der Regie von Claus Peymann aufgeführt. Bedeutende Bühnen im deutschsprachigen Raum nehmen das Stück in ihr Programm auf. Der wichtige poetologische Text *Drei Tage* entsteht als Selbstgespräch, kongenial filmisch in Szene gesetzt von Ferry Radax
1971	Bernhard unternimmt eine Lesereise durch Jugoslawien, das Land, in dem er sich seit den frühen fünfziger Jahren immer wieder zur Erholung aufhält. *Gehen* und *Midland in Stilfs* erscheinen. Das Skript für den Film *Der Italiener* (Regie: Ferry Radax) kommt im Salzburger Residenz Verlag heraus, dem Bernhard neben seinem Hauptverlag, Suhrkamp in

Frankfurt a. M., wichtige Teile seines Werks anvertraut, u. a. die autobiographischen Erzählungen sowie seine letzte Buchveröffentlichung *In der Höhe* (1989)

1972 Premiere von *Der Ignorant und der Wahnsinnige* bei den Salzburger Festspielen, wieder unter Claus Peymann, dem Bernhard fast alle seine Stücke zur Aufführung übergibt. Wegen einer Kontroverse um die Ausschaltung des Notlichts wird das Stück abgesetzt. Neben anderen Preisen erhält er den von ihm geschätzten Grillparzer-Preis. In den Honorarforderungen für seine Stücke beweist Bernhard, daß er sich des Werts seiner Stücke bewußt ist und sich, im Gegensatz zum erfolglosen Großvater, auf die Vermarktung seines Werks versteht. Austritt aus der katholischen Kirche

1973 Verfilmung von *Der Kulterer* in der Strafvollzugsanstalt Garsten (Regie: Voitek Jasny)

1974 Das Wiener Burgtheater bringt Bernhards neues Stück *Die Jagdgesellschaft* auf die Bühne, während in Salzburg bei den Festspielen *Die Macht der Gewohnheit* uraufgeführt wird. 1975 hat *Der Präsident* ebenfalls im Wiener Burgtheater Premiere

1975 Wieder erscheinen in einem Jahr drei Werke: das Theaterstück *Der Präsident, Korrektur,* einer der bedeutendsten Romane Bernhards, und *Die Ursache,* die erste in der Reihe autobiographischer Erzählungen, die 1982 mit *Ein Kind* abgeschlossen wird

1976 *Die Berühmten,* die man für die Festspielaufführung in Salzburg ablehnte, werden im Theater an der Wien uraufgeführt. Ehrenbeleidigungsklage des Salzburger Pfarrers Franz Wesenauer wegen seiner Darstellung als *Onkel Franz* in *Die Ursache.* Peymann inszeniert in Stuttgart Bernhards dramatisches *Porträt des Künstlers als alter Mann,* den *Minetti,* mit Bernhard Minetti in der Titelrolle

1978 Gleich vier neue Werke erscheinen: *Immanuel Kant, Der Atem, Der Stimmenimitator* und *Ja.* Im Schreiben stellt sich Bernhard dem Wissen, aufgrund seiner unheilbaren Lungen- und Herzkrankheit *nur noch die kürzeste Zeit* zur Verfügung zu haben. Er schreibt vor allem während seiner vielen Winteraufenthalte im Süden; in Ferienhotels am Meer in Jugoslawien, auf Mallorca, in Spanien und Portugal findet er Jahr für Jahr *das ideale Arbeitsklima*

1979 Mit dem Stück *Vor dem Ruhestand* schaltet sich Bernhard satirisch in die Diskussion um den baden-württembergischen Ministerpräsidenten Karl Filbinger ein, der als Marinerichter noch nach der Kapitulation Nazi-Deutschlands ein Todesurteil gefällt hatte. In Bochum hat *Der Weltverbesserer* 1980 Premiere, beide Stücke unter Peymanns Regie. Austritt aus der Deutschen Akademie für Sprache und Dichtung

1980 *Die Billigesser*

1981 *Die Kälte, Über allen Gipfeln ist Ruh, Am Ziel, Ave Vergil*

1982 *Ein Kind, Beton, Wittgensteins Neffe.* Premio Prato für *Verstörung*

1983 *Der Schein trügt, Der Untergeher.* Premio Mondello

1984 Würde Bernhard nicht selber immer wieder mit seinen Büchern «Skandal-Kunstwerke» schaffen, verliefe sein Leben im ruhigen Rhythmus der kontinuierlichen Herausgabe seiner Bücher, kürzerer Arbeitsphasen und längerer Zeiten der Erholung. Ein Kreis hilfreicher Begleiterinnen um-

sorgt ihn, der Halbbruder Dr. Peter Fabjan steht als Leibarzt zur Verfügung, neben dessen Internisten-Praxis in Gmunden besitzt Bernhard eine Wohnung.
Holzfällen. Eine Erregung wird bei seinem Erscheinen dem Titel in jeder Beziehung gerecht. Der «Schlüsselroman» wird polizeilich beschlagnahmt, eine Ehrenbeleidigungsklage von Gerhard Lampersberg folgt. Bernhard verfügt für Österreich ein Auslieferungsverbot seiner Bücher. Im Herbst zieht sich Bernhard aus dem erregten Österreich zu einem längeren Aufenthalt nach Madrid zurück

1985 Lampersberg nimmt von seiner Klage Abstand. Premiere von *Der Theatermacher* bei den Salzburger Festspielen. *Alte Meister* erscheint

1986 Uraufführung von *Einfach kompliziert* im Schiller-Theater, Berlin; *Ritter, Dene, Voss* bei den Salzburger Festspielen. *Auslöschung* erscheint, der schon Anfang der achtziger Jahre weitgehend fertiggestellte große Roman, eine comédie humaine der österreichischen Gesellschaft. Schloß Wolfsegg, ein Schauplatz, der Bernhard seit langem beschäftigt, wird zum Grundmodell der Geschichte Österreichs

1987 *Elisabeth II.* kommt als Buch heraus

1988 Unter dem Titel *Der deutsche Mittagstisch* erscheinen Bernhards Dramolette in einem Sammelband. *Heldenplatz*, Bernhards Beitrag zum sogenannten Bedenkjahr in Österreich, entfacht eine Politiker- und Medienkampagne, die in der Zweiten Republik einzigartig dasteht. Nach einer schweren Herzattacke im November, Bernhard hält sich wieder am Meer in Spanien auf, wird er nach Österreich zurückgebracht und lebt in seiner Gmundner Wohnung

1989 Seine letzte Publikation ist ein Leserbrief zur Erhaltung der Gmundner Straßenbahn in einer Lokalzeitung des Salzkammerguts. Er stirbt am Morgen des 12. Februar. Sein letzter Abend war der vierzigste Todestag seines Großvaters Johannes Freumbichler. Bernhards Tod wird erst nach dem Begräbnis bekanntgegeben

Bibliographie

Bibliographisch orientierte Arbeiten

Dittmar, Jens (Hg.): Thomas Bernhard. Werkgeschichte. Frankfurt a. M. 1990, 2. aktualisierte Auflage
–: Aus dem Gerichtssaal. Thomas Bernhards Salzburg in den 50er Jahren. Wien 1992
Habringer, Rudolf Konrad: Thomas Bernhard als Journalist. Dokumentation eines Frühwerks. Salzburg 1984, masch.schriftl. Manuskript
Huntemann, Willi: Kommentierte Bibliographie zu Thomas Bernhard. In: Text und Kritik 43 (1991), S. 125 ff.
Moritz, Herbert: Lehrjahre. Thomas Bernhard – Vom Journalisten zum Dichter. Weitra 1992
Sorg, Bernhard: Thomas Bernhard. In: Kritisches Lexikon Gegenwartsliteratur (Stand 1. 1. 1990)

Werke

Die frühen literarischen und journalistischen Veröffentlichungen Thomas Bernhards werden hier nur auswahlweise angeführt; zur genaueren werkgeschichtlichen Dokumentation vgl. die oben angeführten bibliographischen Arbeiten

Thomas Fabian (Pseudonym): Das rote Licht. In: Salzburger Volksblatt, 19. Juni 1950 (vermutlich die erste Publikation Thomas Bernhards)
Niklas van Heerlen (Pseudonym): Vor eines Dichters Grab. In: Salzburger Volksblatt, 12. Juli 1950
Thomas Fabian (Pseudonym): Die Siedler. In: Salzburger Volksblatt, 8. September 1951
Mein Weltenstück. In: Münchner Merkur, 22. April 1952
Die verrückte Magdalena. In: Demokratisches Volksblatt, 17. Jänner 1953
Der große Hunger. In: Demokratisches Volksblatt, 15. Oktober 1953
Sieben Tannen, die die Welt bedeuten. In: Demokratisches Volksblatt, 24. Dezember 1953
Salzburg, Im Dom, Im Hofe von St. Peter, Friedhof in Seekirchen (Gedichte). In: Die Furche, 31. Juli 1954

Betagte Landschaft, Sankt Sebastian in der Linzer Gasse, Kreuzgang im Kloster Nonnberg, Die Landschaft der Mutter (Gedichte und Prosa). In: Handschreiben der Stifterbibliothek 13 (1954)

Dorotheum, Das Augustiner-Bräustübl, Rund um Mozart, Nacht in Salzburg. In: Salzburg von A–Z. Hg. von Josef Kaut, Salzburg 1954

Großer, unbegreiflicher Hunger. In: Stimmen der Gegenwart 1954. Hg. von Hans Weigel, illustriert von Angela Varga, Wien 1954, S. 138–143

Biographische Notiz. In: Stimmen der Gegenwart 1954, ebenda, S. 259

Heimkehr, Pfarrgarten in Henndorf, Lied der Magd, Am Abend, Aufzuwachen und ein Haus zu haben ..., Mein Weltenstück (Gedichte). In: Die ganze Welt in meines Herzens Enge. Anthologie junger Salzburger Lyrik. Salzburg 1955, S. 58–63

Das Jahr ist wie das Jahr vor tausend Jahren, Im Gras, Immer fragen sie nach mir (Gedichte). In: Wort in der Zeit 1956, H. 6, S. 34 f.

Die Dörfler, Mein Vater (Gedichte). In: Stillere Heimat 1956. Hg. vom Kulturamt der Stadt Linz, Innsbruck 1956, S. 78 f.

Der Schweinehüter. In: Stimmen der Gegenwart 1956. Hg. von Hans Weigel, Wien und München 1956, S. 158–179

Auf der Erde und in der Hölle. Gedichte. Salzburg 1957

In hora mortis. Salzburg 1958

Unter dem Eisen des Mondes. Gedichte. Köln 1958

die rosen der einöde. fünf sätze für ballett, stimmen und orchester. Frankfurt a. M. 1959

Ereignisse. In: Wort in der Zeit 1959, H. 10, S. 28–31 (überarbeitet und erweitert erschienen in: Literarisches Colloquium Berlin 1969)

Neue Gedichte. In: Wort in der Zeit 1961, H. 7, S. 20–22 (Großmächtiges Tabernakel des Windes, An W. H., Roßhändler, Bauern, Grenadiere, Schützt mich, Zerfressener April)

In der Bibel, Mir ist der Mond zu schad (Gedichte). In: Lyrik aus dieser Zeit. München und Esslingen 1961, S. 75, S. 104

Die Irren / Die Häftlinge. Privatdruck, Klagenfurt 1962 (neu aufgelegt: Frankfurt a. M. 1988)

Weinen über trostlose Tage (fünf Gedichte). In: Wort in der Zeit 1962, H. 8, S. 29–31 (Im Tal, Krieger, Eine Strophe für Padraic Colum, Geburtstagsode, Morgen)

Beschreibung einer Familie, Jetzt im Frühling, Die Irren, In silva salus, An W. H., Kein Baum, Eine Ursache für John Donne, Zwei Bierflaschen und der Eisstock, Kitzlochklamm, Schmerz, Erinnerung an die tote Mutter (Gedichte). In: Frage und Formel. Gedichte einer jungen österreichischen Generation. Hg. von Gerhard Fritsch u. a., Salzburg 1963, S. 86–97

Frost. Roman. Frankfurt a. M. 1963

Amras. Frankfurt a. M. 1964

Der Italiener. In: Insel-Almanach auf das Jahr 1965, Frankfurt a. M. 1964, S. 83–93

Ein junger Schriftsteller. In: Wort in der Zeit 1965, H. 1–2, S. 56–59

Mit der Klarheit nimmt die Kälte zu (Ansprache anläßlich der Verleihung des Bremer Literaturpreises 1965). In: Jahresring 1965/66, Stuttgart 1965, S. 243–245

Politische Morgenandacht. In: Wort in der Zeit 1966, H. 1, S. 11–13

Viktor Halbnarr. Ein Wintermärchen. In: Dichter erzählen Kindern. Köln 1966, S. 250–256

Verstörung. Roman. Frankfurt a. M. 1967
Prosa. Frankfurt a. M. 1967 (Zwei Erzieher, Die Mütze, Ist es eine Komödie? Ist es eine Tragödie?, Jauregg, Attaché an der französischen Botschaft, Das Verbrechen eines Innsbrucker Kaufmannssohns, Der Zimmerer)
Ungenach. Erzählung. Frankfurt a. M. 1968
Unsterblichkeit ist unmöglich. Landschaft der Kindheit. In: Neues Forum 169/170 (1968), S. 95–97
Der Wahrheit und dem Tod auf der Spur. Zwei Reden. In: Neues Forum 173 (1968), S. 347–349 (Rede anläßlich der Verleihung des Österreichischen Staatspreises für Literatur, 1968, und geplante Danksagung für den Wildgans-Preis, 1968)
An der Baumgrenze. Erzählungen. Zeichnungen von Anton Lehmden. Salzburg 1969 (Der Kulterer, Der Italiener. Fragment, An der Baumgrenze)
Watten. Ein Nachlaß. Frankfurt a. M. 1969
Ereignisse. Berlin 1969
Der Berg. Ein Spiel für Marionetten als Menschen oder Menschen als Marionetten. In: Literatur und Kritik 1970, H. 46, S. 330–352 (1957 entstanden)
Ein Fest für Boris. Frankfurt a. M. 1970
Das Kalkwerk. Roman. Frankfurt a. M. 1970
Nie und mit nichts fertig werden (Rede anläßlich der Verleihung des Georg-Büchner-Preises 1970). In: Büchner-Preis-Reden 1951–1971, Stuttgart 1972, S. 215 f.
Der Italiener. Salzburg 1971 (Der Italiener. Ein Film, Der Italiener. Photographiert von Heidrun Hubert, Der Italiener. Fragment, Drei Tage, Notiz)
Midland in Stilfs. Drei Erzählungen. Frankfurt a. M. 1971 (Midland in Stilfs, Der Wetterfleck, Am Ortler. Nachricht aus Gomagoi)
Gehen. Frankfurt a. M. 1971
Der Ignorant und der Wahnsinnige. Frankfurt a. M. 1972
Die Jagdgesellschaft. Frankfurt a. M. 1974
Der Kulterer. Eine Filmgeschichte. Salzburg 1974
Die Macht der Gewohnheit. Komödie. Frankfurt a. M. 1974
Der Präsident. Frankfurt a. M. 1975
Die Ursache. Eine Andeutung. Salzburg 1975
Korrektur. Roman. Frankfurt a. M. 1975
Die Berühmten. Frankfurt a. M. 1976
Der Keller. Eine Entziehung. Salzburg 1976
Minetti. Ein Porträt des Künstlers als alter Mann. Mit sechzehn Fotos von Digne Meller-Marcowicz. Frankfurt a. M. 1977
Die Kleinbürger auf der Heuchelleiter. In: Programmbuch 34 I. Württembergische Staatstheater Stuttgart. Schauspiel 1977/78, S. 26–28
Immanuel Kant. Komödie. Frankfurt a. M. 1978
Der Atem. Eine Entscheidung. Salzburg 1978
Ja. Frankfurt a. M. 1978
Der Stimmenimitator. Frankfurt a. M. 1978
Der deutsche Mittagstisch. Eine Tragödie für ein Burgtheatergastspiel in Deutschland. In: Die Zeit, 29. Dezember 1978
Der Weltverbesserer. Frankfurt a. M. 1979
Vor dem Ruhestand. Eine Komödie von deutscher Seele. Frankfurt a. M. 1979
Die Billigesser. Frankfurt a. M. 1980
Die Kälte. Eine Isolation. Salzburg 1981

Über allen Gipfeln ist Ruh. Ein deutscher Dichtertag um 1980. Komödie, Frankfurt a. M. 1981
Am Ziel. Frankfurt a. M. 1981
Ave Vergil. Gedicht. Frankfurt a. M. 1981 (entstanden 1959/1960)
Verfolgungswahn. In: Die Zeit, 11. Januar 1982
Ein Kind. Salzburg 1982
Goethe schtirbt. In: Die Zeit, 19. März 1982
Beton. Frankfurt a. M. 1982
Montaigne. Eine Erzählung (in 22 Fortsetzungen). In: Die Zeit, 8. Oktober 1982
Wittgensteins Neffe. Eine Freundschaft. Frankfurt a. M. 1982
Der Schein trügt. Frankfurt a. M. 1983
Der Untergeher. Frankfurt a. M. 1983
Holzfällen. Eine Erregung. Frankfurt a. M. 1984
Der Theatermacher. Frankfurt a. M. 1984
Ritter, Dene, Voss. Frankfurt a. M. 1984
Alte Meister. Komödie. Frankfurt a. M. 1985
Einfach kompliziert. Frankfurt a. M. 1986
Auslöschung. Ein Zerfall. Frankfurt a. M. 1986
Elisabeth II. Frankfurt a. M. 1987
Christine Lavant: Gedichte. Hg. von Thomas Bernhard. Frankfurt a. M. 1987
Der deutsche Mittagstisch. Dramolette. Frankfurt a. M. 1988 (A Doda, Maiandacht. Ein Volksstück als wahre Begebenheit [Meiner Kindheitsstadt Traunstein gewidmet], Match, Freispruch, Eis, Der deutsche Mittagstisch, Alles oder nichts)
Heldenplatz. Frankfurt a. M. 1988
In der Höhe. Rettungsversuch, Unsinn. Salzburg 1989 (1959 entstanden)
Claus Peymann kauft sich eine Hose und geht mit mir essen. Drei Dramolette. Frankfurt a. M. 1990 (Claus Peymann verläßt Bochum und geht als Burgtheaterdirektor nach Wien [1986], Claus Peymann kauft sich eine Hose und geht mit mir essen [1986], Claus Peymann und Hermann Beil auf der Sulzwiese [1987])
Erzählungen. Mit einem Kommentar von Hans Höller. Frankfurt a. M. 2001

Leserbriefe, Interviews, Lebenserinnerungen, Fotobände

Brändle, Rudolf: Zeugenfreundschaft. Erinnerungen an Thomas Bernhard. Salzburg u. Wien 1999
Dittmar, Jens (Hg.): Sehr geschätzte Redaktion. Leserbriefe von und über Thomas Bernhard. Wien 1991
Dreissinger, Sepp (Hg.): Von einer Katastrophe in die andere. 13 Gespräche mit Thomas Bernhard. Weitra 1992 (Thomas Bernhard im Gespräch mit Viktor Suchy, Armin Eichholz, Brigitte Hofer, Nicole Casanova, Erich Böhme/Hellmuth Karasek, Niklas Frank, Jean-Louis de Rambures, Rita Cirio, Peter Mörtenböck, Patrick Guinand, Andreas Müry, Asta Scheib, Conny Bischofberger/ Heinz Sichrovsky)
Thomas Bernhard – Eine Begegnung. Gespräche mit Krista Fleischmann. Wien 1991 (Monologe auf Mallorca [1981], Holzfällen [Wien 1984], Die Ursache bin ich selbst [Madrid 1986])
Hofmann, Kurt: Aus Gesprächen mit Thomas Bernhard. München 1988

André Müller im Gespräch mit Thomas Bernhard. Weitra 1992
Fleischmann, Krista (Hg.): Thomas Bernhard – Eine Erinnerung. Interviews zur Person. Wien 1992
Hennetmair, Karl Ignaz: Aus dem versiegelten Tagebuch. Weihnacht mit Thomas Bernhard. Weitra 1992
Huguet, Louis: Chronologie. Johannes Freumbichler / Thomas Bernhard. Weitra 1995
Maleta, Gerda: Seteais. Tage mit Thomas Bernhard. Weitra 1992
Moritz, Herbert: Lehrjahre. Thomas Bernhard – Vom Journalisten zum Dichter. Weitra 1992
Dreissinger, Sepp (Hg.): Thomas Bernhard. Portraits. Bilder und Texte. Weitra 1991 (mit Beiträgen von Ilse Aichinger, H. C. Artmann, Ingeborg Bachmann, Peter von Becker, Hermann Burger, Antonio Fian, Krista Fleischmann, Michael Frank, Friedrich Heer, Karl Hennetmair, Benjamin Henrichs, Marlies Hörbe, Elfriede Jelinek, Karin Kathrein, Josef Kaut, Bernhard Minetti, André Müller, Claus Peymann, Reinhard Priessnitz, Andreas Graf Razumovsky, Marcel Reich-Ranicki, Botho Strauß, Karl Woisetschläger, Carl Zuckmayer)
Schmied, Erika: Thomas Bernhards Häuser. Salzburg 1997
–: Thomas Bernhards Welt. Schauplätze seiner Jugend. Salzburg 1999
–: Thomas Bernhards Österreich. Schauplätze seiner Romane. Salzburg 2000

Monographien und Sammelbände

Bayer, Wolfram: Kontinent Bernhard. Wien 1995
Betz, Uwe: Polyphone Räume und karnevalisiertes Erbe. Analyse des Werks Thomas Bernhards auf der Basis Bachtinscher Theoreme. Würzburg 1997
Bozzi, Paola: Ästhetik des Leidens. Zur Lyrik Thomas Bernhards. Frankfurt a. M. 1997
Botond, Anneliese (Hg.): Über Thomas Bernhard. Frankfurt a. M. 1970
Damerau, Burghard: Selbstbehauptungen und Grenzen. Zu Thomas Bernhard. Würzburg 1996
Donnenberg, Josef: Thomas Bernhard (und Österreich). Studien zu Werk und Wirkung 1970–1989. Stuttgart 1997
Endres, Ria: Am Ende angekommen. Dargestellt am wahnhaften Dunkel der Männerporträts des Thomas Bernhard. Frankfurt a. M. 1980
Eyckeler, Franz: Reflexionspoesie. Sprachskepsis, Rhetorik und Poetik in der Prosa Thomas Bernhards. Berlin 1995
Gebesmair, Franz / Pittertschatscher, Alfred (Hg.): Bernhard-Tage Ohlsdorf 1994. Materialien. Weitra o. J.
–: Bernhard-Tage Ohlsdorf 1996. Materialien. Weitra o. J.
–/ Mittermayer, Manfred (Hg.): Bernhard-Tage Ohlsdorf 1999. Materialien. Weitra 2000
Gößling, Andreas: Die «Eisenbergrichtung»: Versuch über Thomas Bernhard. Münster 1990
Herzog, Andreas: Von «Frost» (1963) zu «Auslöschung» (1986). Grundzüge des literarischen Schaffens Thomas Bernhards. Phil. Diss. Masch. Leipzig 1989
Hoell, Joachim / Honold, Alexander / Luehrs-Kaiser, Kai (Hg.): Thomas Bernhard – eine Einschärfung. Berlin 1998

Hoell, Joachim / Luehrs-Kaiser, Kai (Hg.): Thomas Bernhard. Traditionen und Trabanten. Würzburg 1999

Höller, Hans / Heidelberger-Leonard, Irene (Hg.): Antiautobiographie. Thomas Bernhards «Auslöschung». Frankfurt a. M. 1995

Honold, Alexander / Joch, Markus (Hg.): Thomas Bernhard. Die Zurichtung des Menschen. Würzburg 1999

Huber, Martin: Thomas Bernhards philosophisches Lachprogramm. Zur Schopenhauer-Aufnahme im Werk Thomas Bernhards. Wien 1992

– / Mittermayer, Manfred / Karlhuber, Peter: Thomas Bernhard und seine Lebensmenschen. Der Nachlass. Linz 2001

Huguet, Louis: Chronologie. Johannes Freumbichler – Thomas Bernhard. Weitra o. J.

Judex, Bernhard: «Wild wächst die Blume meines Zorns ...». Die Vater-Sohn-Problematik bei Thomas Bernhard. Biographische und werkbezogene Aspekte. Frankfurt a. M. 1997

Klug, Christian: Thomas Bernhards Theaterstücke. Stuttgart 1991

Kuhn, Gudrun: «Ein philosophisch-musikalisch geschulter Sänger». Musikästhetische Überlegungen zur Prosa Thomas Bernhards. Würzburg 1995

Mariacher, Barbara: «Umspringbilder». Erzählen – Beobachten – Erinnern. Überlegungen zur späten Prosa Thomas Bernhards. Frankfurt a. M. 1999

Markolin, Caroline: Die Großväter sind die Lehrer. Johannes Freumbichler und sein Enkel Thomas Bernhard. Salzburg 1988

Mittermayer, Manfred: Ich werden: Versuch einer Bernhard-Lektüre. Stuttgart 1988

–: Thomas Bernhard. Stuttgart, Weimar 1995

– (Hg.): Thomas Bernhard, Johannes Freumbichler, Hedwig Stavianicek. Bilder, Dokumente, Essays (= Die Rampe «Extra» 1999)

– / Veits-Falk, Sabine: Thomas Bernhard und Salzburg. 22 Annäherungen. Salzburg 2001

Part, Matthias: Thomas Bernhards «Krüppel-Welt». Wenn die Verkrüppelung zum «Geistestriumph» wird. Phil. Diss. Salzburg 1996

Pfabigan, Alfred: Thomas Bernhard. Ein österreichisches Weltexperiment. Wien 1999

Schmidt-Dengler, Wendelin: Der Übertreibungskünstler. Studien zu Thomas Bernhard. Wien 1986

– / Huber, Martin (Hg.): Statt Bernhard. Über Misanthropie im Werk Thomas Bernhards. Wien 1987

– / Stevens, Adrian / Wagner, Fred (Hg.): Thomas Bernhard. Beiträge zur Fiktion der Postmoderne. Londoner Symposion. Frankfurt a. M. 1997

Sorg, Bernhard: Thomas Bernhard. München 1992

Text und Kritik, H. 43: Thomas Bernhard

Vogt, Steffen: «... die Zeit macht aus ihren Zeugen immer Vergessende». Die Bedeutung des Ortes für das Erinnern in der deutschsprachigen Literatur nach 1945 – dargestellt am Beispiel von Thomas Bernhards «Der Italiener» (1963) und «Auslöschung» (1986). Phil. Diss. FU Berlin 1999 – Auch: Ortsbegehungen: topographische Erinnerungsverfahren und politisches Gedächtnis in Thomas Bernhards «Der Italiener» und «Auslöschung». Berlin 2002

Namenregister

Die kursiv gesetzten Zahlen bezeichnen die Abbildungen

Adorno, Theodor W. 105
Alberti, Rafael 54
Artaud, Antonin 52, 121, 126
Artmann, H. C. 56, 65

Bachmann, Ingeborg 15, 41, 68, 69, 79 f., *93*
Baudelaire, Charles 43, 54, 62
Beckett, Samuel 112 f., 126
Bey, Seid Edip 103
Bernhard, Anna 21, 35–40, 44, 102, 103, 127, *22, 29, 39*
Bernhard, Herta s. Fabjan, Herta
Bernhard, Karl 36, 103
Brändle, Rudolf 43, *44*
Brecht, Bertolt 51 f., 61, 120 f.
Büchner, Georg 80
Bülau, Ingrid 48
Busta, Christine 65

Canetti, Elias 13, 120
Corti, Axel 112

Dene, Kirsten 122
Doderer, Heimito von 72
Dollfuß, Engelbert 106
Dorn, Dieter 121
Dostojewski, Fjodor 43

Eliot, Thomas Stearns 54
Eluard, Paul (eig. Eugène Grindel) 54
Endres, Ria 48

Engelmann, Paul 16
Ensor, James 122, 123

Fabjan, Emil 18, 32, 40
Fabjan, Herta 18, 26–33, 37, 40, 42 f., 46, 101, 103, 127, *20, 27*
Fabjan, Peter 18, 40, 41, 72, 88, 128 f., 134
Fabjan, Susanne 40
Fercioni, Gian Maurizio 117
Ferstl, Aloisia 26, 29, 30
Ficker, Ludwig von 66
Filbinger, Karl 110 f.
Fleischmann, Krista 100
Freud, Sigmund 97, 104
Freumbichler, Anna s. Bernhard, Anna
Freumbichler, Johannes 26, 30, 33, 34–38, 43, 46, 49, 56, 58, 60, 88, 95, 99, 102, 103, 104, 127, 134, *2, 34, 42*
Freumbichler, Maria 103
Freumbichler, Rudolf 36
Fritsch, Barbara 55
Fritsch, Gerhard 54, 66, 67, *55*
Fruchtmann, Karl 112
Fuchs, Ernst 58

Ganz, Bruno 122
Genet, Jean 114 f., 126
Goethe, Johann Wolfgang von 85 f.
Gould, Glenn 106 f.
Grabbe, Christian Dietrich 51

Grillparzer, Franz 9, 12
Guillén, Jorge 54

Haider, Jörg 10
Hamm, Peter 63
Hammerstein, Anne-Marie 15, 48
Handke, Peter 78 f., 115
Hausner, Rudolf 58
Heerlen, Niklas van (Pseudonym Th. B.) 45
Hennetmair, Karl Ignaz 32, 60, 81, 83, 92–95, 119, 120, 130
Henrichs, Benjamin 107
Herrmann, Karl-Ernst 110, 111
Hipping, Hansi *19*
Höller, Alfred 88 f., *90*
Hofbauer, Hedwig s. Stavianicek, Hedwig
Hofmannsthal, Hugo von 98 f., 113
Horváth, Ödön von 120
Hufnagl, Grete 48
Huguet, Louis 28, 103

Innitzer, Theodor 106
Ionesco, Eugène 126

Jean Paul (Jean Paul Richter) 80
Jelinek, Elfriede 129
Jürgens, Curd 100
Joyce, James 122

Kafka, Franz 119, 130
Kaut, Josef 13, 44
Keldorfer, Maria 41
Kraus, Karl 11, 15, 120
Kreisky, Bruno 13
Krips, Josef 54
Kubin, Alfred 58, 59

Lampersberg, Gerhard 56–58, 62, 109, *57*
Lampersberg, Maja 58, *57*
Lavant, Christine 62, 65
Lebert, Hans 72 f.
Lehmden, Anton 58, 72
Lenau, Nikolaus 85
Loos, Adolf 83
Lotschak, Peter 117

Maleta, Gerda 48, 124
Mann, Thomas 37, 104, 118, 128
Mendelssohn-Bartholdy, Felix 106
Minetti, Bernhard 117, 120, 122, *121*, *125*
Minks, Wilfried 121
Molière (eig. Jean Baptiste Poquelin) 121 f.
Montaigne, Michel Eyquem, Seigneur de 47, 130
Mozart, Wolfgang Amadeus 51, 101
Musil, Robert 79f., 130

Nestroy, Johann Nepomuk 120
Novalis (Friedrich von Hardenberg) 47, 76, 77, 120, 130

Pascal, Blaise 47, 100, 114, 117
Peymann, Claus 10 f., 13, 110, 111, 112, 122, *6*
Pichler, Rudolf 37, 127
Pound, Ezra 54

Radax, Ferry *32*
Radson, Maria 92
Raimund, Ferdinand (eig. Raimann) 120 f.
Ritter, Ilse 122
Rolland, Romain 105
Rühmkorf, Peter 112
Russ, Fernanda 103
Russ, Ferdinand 103 f.

Sartre, Jean-Paul 114, 126
Scheib, Asta 48
Schmied, Wieland 54, 68, *55*
Schönberg, Jakob 103
Schopenhauer, Arthur 47, 99, 122, 130
Schubert, Franz 120
Schuschnigg, Kurt (von) 106
Shakespeare, William 121 f., 124
Stavianicek, Hedwig 48, 60, 88, *55*, *61*
Stifter, Adalbert 80, 85, 87f.
Stolberg, Gräfin 60
Stonborough, Margarete 90

Torberg, Friedrich 51, 61

Trakl, Georg 43, 54, 62, 65

Üxküll, Graf Alexander von 60, 83
Unseld, Siegfried 119, *14*

Valéry, Paul 47
Vallejo, César 54
Verlaine, Paul 43, 54
Voss, Gert 122

Waggerl, Karl Heinrich 52
Waldheim, Kurt 10
Weigel, Hans 55, 61
Weininger, Otto 15

Weiss, Peter 70
Werner, Theodor W. 41
Wittgenstein, Hermine 90
Wittgenstein, Ludwig 15 f., 75, 83, 90, 91, 104
Wittgenstein, Paul 104, 106, 130

Zuckerstätter, Alois 26 f., *28*
Zuckerstätter, Hilda 27 f.
Zuckmayer, Alice 38
Zuckmayer, Carl 38, 45, 69–71, 74, 77, 104
Zweig, Stefan 105

Über den Autor

Hans Höller, geboren 1947 in Vöcklabruck. Studierte Germanistik und Klassische Philologie an der Universität Salzburg. Dissertation über Thomas Bernhard («Kritik einer literarischen Form», 1973). Nach dem Studium mehrere Jahre an ausländischen Universitäten (Istituto Universitario Orientale, Neapel; Inst. Fil. Germańskiej, Wrocław; Université Paul Valéry, Montpellier). Danach Dozent am Germanistik-Institut der Universität Salzburg.
Buchpublikationen zu Thomas Bernhard, Ingeborg Bachmann, Kleist und Molière, Peter Weiss.

Dank und Widmung

Den vielen Helferinnen und Helfern, die am Zustandekommen dieses Buches mitgewirkt haben, sei hier noch einmal herzlich gedankt. Besonderen Dank schulde ich dem französischen Gelehrten Louis Huguet. Dieser unermüdliche Bernhard-Biograph hat am meisten zum Entstehen dieses Buchs beigetragen. Ihm und seiner Frau möchte ich es widmen, in Erinnerung an die schönen Tage in Rosas.

Quellennachweis der Abbildungen

Thomas Bernhard Nachlaßverwaltung GmbH, Gmunden: 2, 20, 22, 27, 29, 34, 45
dpa Hamburg, Bildarchiv: 6, 80
Oliver Herrmann, Berlin: 8
Aus: Sepp Dreissinger (Hg.): Portraits. Weitra 1991: 10 (Foto: H. Weber; Archiv der Salzburger Festspiele), 57 (Foto: Helmut Baar), 61 (Foto: Joseph Gallus Rittenberg), 70 (Foto: Johann Barth), 76 (Foto: Otto Breicha), 89 (Foto: Johann Barth), 110 (Foto: Rosemarie Clausen; Hamburger Theatersammlung), 117 (Foto: Elisabeth Hausmann), 121 (Foto: Hildegard Steinmetz; Deutsches Theatermuseum München), 132 (Foto: Kurt Molzer; Bildagentur Contrast)
Till Bartels, Berlin: 14
Anne-Marie Hammerstein-Siller, Wien: 15
Hans Fink, Seekirchen: 19
Archiv der Stadt Salzburg/Vuray: 21
Erich Hinterholzer, Vöcklabruck: 23, 35, 42, 46, 73, 81, 82 (2), 84, 86 (4), 90, 98, 99, 100 (2)
Sammlung des Autors: 24, 94
Hilda Zuckerstätter, Frankfurt a. d. Oder: 28
Aus: Thomas Bernhard: Der Italiener. Salzburg 1971: 32 (Foto: Heidrun Hubert)
Eberhard Haidegger, Salzburg: 39
Johann Barth, Salzburg: 43
Rudolf Brändle, Wien: 44
Institut für Kommunikationswissenschaft (Zeitungswissenschaft) der Universität München: 50
photoscope, Salzburg-Parsch: 52, 53
Erika Schmied, Berlin: 55
Aus: Der Zeichner Alfred Kubin. Hg. von Wieland Schmied. Salzburg 1967: 59
Anton Lehmden, Wien: 72/73
Barbara Klemm, Frankfurt a. M.: 85
Adolf Hübner: 91
Leonore Mau, Hamburg: 93
Helmut Kurz Goldenstein: Die Ursache. Wien 1990: 107
© Tullio Pericoli 1993: 108
Deutsches Theatermuseum, München (Fotos: Abisag Tüllmann): 111, 125
Archiv für Kunst und Geschichte, Berlin: 112/113
Aus: James Ensor: Belgien um 1900. München 1989: 123 (© VG Bild-Kunst, Bonn, 1993)